Library of
Davidson College

STUDIES IN HONOR OF JOSE RUBIA BARCIA

ROBERTA JOHNSON and
PAUL C. SMITH, Editors

STUDIES IN HONOR OF JOSE RUBIA BARCIA

SOCIETY OF SPANISH AND SPANISH-AMERICAN STUDIES

© Copyright, Society of Spanish and Spanish-American Studies, 1982.

The Society of Spanish and Spanish-American Studies promotes bibliographical, critical and pedagogical research in Spanish and Spanish-American studies by publishing works of particular merit in these areas. On occasion, the Society will also publish creative works. SSSAS is a non-profit educational organization sponsored by The University of Nebraska-Lincoln. It is located in the Department of Modern Languages and Literatures, The University of Nebraska-Lincoln, Oldfather Hall, Lincoln, Nebraska 68588-0316, U.S.A.

International Standard Book Number (ISBN): 0-89295-020-X

Library of Congress Catalog Card Number: 81-86349

Printed in the United States of America

Impreso en los Estados Unidos de America

CONTENTS

José Rubia Barcia 7
Selected Bibliography of Works by José Rubia Barcia 11
Working with José. Clayton Eshleman 13
Ilegible, hijo de flauta: guión cinematográfico de Juan Larrea
   y Luis Buñuel. David Bary 17
Madariaga e Hispanoamérica. Rubén Benítez 27
El esperpentillo olvidado de Don Ramón del Valle-Inclán.
   R. Cardona 39
Manuel de la Revilla, crítico literario. Carlos García Barrón 47
Galdós y la reaparición de personajes: las Porreño,
   Garrote y Coletilla. Joaquín Gimeno Casalduero 59
La unidad conceptual de *El Embrujado.* Luis T.
   González-del-Valle 71
Modes of Being in Gabriel Miró's *El ángel, el molino,*
   el caracol del faro. Roberta Johnson 83
Ambivalence and Ambiguity in *La familia de Pascual*
   Duarte. Leon Livingstone 95
De Darío y Jiménez (un autógrafo fechado y algunas
   anotaciones). Luis Monguió 109
Solitude and Communion in *Miau.* Eva Margarita Nieto 115
Cernuda y los románticos ingleses. Carlos-Peregrín Otero 125
Fascismo y poesía en España. Julio Rodríguez-Puértolas 141
La inmortalidad y la tradición céltica en Rosalía
   Castro. Eva M. Kahiluoto Rudat 151
Hacia una interpretación de la ironía en *La Regenta* de Clarín
   José Schraibman y Leda Garazzola 175
Rodrigo Soriano and Galdós: An Uncharted Friendship.
   Paul C. Smith 187
Tabula Gratulatoria 203

JOSE RUBIA BARCIA [1]

José Rubia Barcia was born on July 31, 1914, in El Ferrol (Galicia). He received his primary and secondary education in his native province of La Coruña, and earned the degree of *Bachiller en Letras* (with highest honors) at the University of Santiago in 1931.

José Barcia's interest in Arabic and in Spain's Islamic heritage led him to the University of Granada, where from 1933 to 1936 he was a Research Fellow at the *Escuela de Estudios Arabes de Madrid-Granada*. After receiving the degree of *Licenciado en Filosofía y Letras* (with highest honors) in 1934, he continued his studies towards the doctorate, serving at the same time as a lecturer at the University and a teacher of Latin at the Instituto Ganivet.

After the Civil War broke out in the summer of 1936, José Barcia gave up his studies and left Granada. In 1937-38 he was in Valencia, where he was a lecturer at the University and editor of the literary magazine *Armas y Letras*. Shortly before the Republic fell in 1939, José Barcia, like so many thousands of his countrymen, made his way to France, whence, later that year, he emigrated to Cuba.

In 1940 he founded and directed the *Academia de Artes Dramáticas* in Havana. While in Cuba he also taught at the Summer School of the University of Havana and published several essays in the *Revista* of the University. He also wrote a number of articles on literature, culture, and Spanish politics, which appeared in several Havana newspapers.

Américo Castro, interested in Barcia's studies on Hispano-Arabic culture, invited him to Princeton University, where, during the academic year 1943-44, he was a lecturer in Spanish in the Department of Romance Languages. But visa problems prevented his staying on at Princeton. After a brief period of employment at the U.S. Office of War Information in New York, José Barcia traveled west to Los Angeles, where in 1945 and 1946 he worked as a director-writer at the film studios of Warner Brothers. It was in Los Angeles that he met and married Eva López in 1945. The couple was to have two daughters, Adela and Elena, both of whom were graduated from UCLA and earned graduate degrees at other universities.

In 1947 José Barcia began his teaching career at UCLA as a lecturer in the Department of Spanish and Portuguese, where his fellow Galician, César Barja was one of a number of distinguished Hispanists. In 1949 he was promoted to Assistant Professor. His marriage to the lovely Eva and his promotion provided a degree of security and support which enabled him to dedicate himself to research and his own creative writing for the first time since his days in Granada.

In the years that followed, the quality of his critical essays on Valle-Inclán won him wide recognition. In 1955 José Barca was promoted to Associate Professor and in 1961 he became Professor. His *Bibliography and Iconography of Valle-Inclan (1866-1936),* published in 1960, immediately became and has since remained an indispensable tool for anyone seriously interested in the work of the Galician author. A Guggenheim Fellowship in 1962-63 enabled him to do research in Europe on the *esperpento,* leading to several major essays on this aspect of Valle-Inclán's art.

While the scholarly and creative writings have won José Barcia the respect of his colleagues and students, his human qualities have earned him something equally valuable, their affection. Although José Barcia has been particularly sensitive to the problems of new faculty members and graduate students, many others with serious problems have also found in him a sympathetic friend, always ready to listen patiently and to offer help and encouragement. While chairman of the Department from 1963 to 1969, José Barcia made every new faculty member aware that he or she had a good friend at UCLA, a university known for its impersonality.

While he was chairman, José Barcia and his wife Eva established a record for hospitality difficult to surpass. At dinners and receptions in their home, they created an environment where people became friends. At their Ashton Avenue home—over the years a California Mecca for Spanish film directors, artists, writers, and scholars—Barcia's colleagues and students have been able to meet and talk with such admired figures as Americo Castro, Luis Buñuel and José Luis Borau.

It would be misleading to speak of José Barcia without mentioning his students, who constitute an aspect of his life work from which he derives deep satisfaction. Indeed José Barcia has had a profound and abiding influence on a great many students. He is known as a professor with unusual talent for teaching students how to read literary texts well and to expand their analytical imagination. José Barcia is also an unusually talented director of doctoral dissertations. Several of these have been published as books. Others, given their quality, will doubtless see publication in the future.

Recently much of José Barcia's attention has been directed towards problems of translation, and his collaboration with Clayton Eshleman in this regard led to a National Book Award for Translation in recognition of their superb edition of César Vallejo's *Complete Posthumous Poetry*. But José Barcia has also been working on a number of other research projects, for he has never ceased being interested in every aspect of Hispanic culture. Retirement will for him be a busy time, as he can now explore these many interests free from departmental responsibilities.

José Barcia will direct to completion the dissertations of doctoral students currently under his supervision. And he will also from time to time teach a graduate course in nineteenth- or twentieth-century Spanish literature at UCLA. In the years ahead his many friends expect to continue to benefit from his knowledge, enthusiasm, and encouragement. They wish him health and as much satisfaction in his new stage of his career as he has had in the one just completed.[1]

Roberta Johnson
Paul C. Smith

NOTES

1. We are grateful to Margarita Alvarez, secretary of the UCLA Spanish Depart-

ment, for providing biographical information on José Barcia, to Elena Barcia for the photograph in this volume and to Nancy Berry, secretary of the Scripps College Modern Languages Department, for her excellent typing assistance.

2. Since the final editing of this volume, the University of California at Los Angeles has granted José Rubia Barcia a very rare phased retirement. Beginning in the fall of 1982 he will teach on a regular part-time basis for the Department of Spanish and Portuguese there.

SELECTED BIBLIOGRAPHY OF WORKS BY JOSE RUBIA BARCIA

(A partial list from over 100 books and articles.)

BOOKS

Tres en Uno. Auto sacramental a la usanza antigua. La Habana: La Verónica, 1940.

A Bibliography and Iconography of Valle-Inclán (1886-1936). Berkeley-Los Angeles: University of California Press, 1960. An updated version of the first part of this long out-of-print work is included in *Ramón del Valle-Inclán, An Appraisal of his Life and Works,* ed. by Anthony N. Zahareas, Rodolfo Cardona and Summer Greenfield, New York: Las Americas, 1968.

Umbral de Sueños. Los Angeles: Orbe Publications, 1961.

Unamuno, Creator and Creation, coeditor with Marion A. Zeitlin (and essay contributor). Berkeley-Los Angeles: University of California Press, 1967.

Spain, Take This Cup from Me, by César Vallejo (tr. from Spanish in collaboration with Clayton Eshleman). New York: Grove Press, 1974.

Américo Castro and the Meaning of Spanish Civilization, editor (and essay contributor). Berkeley-Los Angeles: University of California Press, 1976.

Prosas de razón y hiel. Caracas: CASUZ Editores, 1976.

César Vallejo—The Complete Posthumous Poetry (tr. by Clayton Eshleman and José Rubia Barcia). Berkeley-Los Angeles: University of California Press, 1978, 450 pp., paperback edition, 1980.

National Book Award for Translation, 1979.
Mascarón de proa (Valle-Inclán). Madrid: José Porrúa Turanzas, 1981.

ESSAYS

«Poesía y cultura de Al-Andalus,» *Revista de la Universidad de la Habana*, (1940), 65-83.
«Raza y artificio de Don Ramón del Valle-Inclán,» *Revista de la Universidad de la Habana*, 10 (1941), 58-79.
«España y Valle-Inclán,» *Revista de la Universidad de la Habana*, 15 (1950), 279-375.
«Luis Buñuel's *Los Olvidados*,» *The Quarterly of Film, Radio and Television*, 4 (1953), 392-401.
«Valle-Inclán y a la literatura gallega,» *Revista Hispánica Moderna*, 21, 2, 3-4 (1955), 142-278.
«La Pardo Bazán y Unamuno,» *Cuadernos Americanos*, 19, 6 (1960), 240-63.
«El realismo 'mágico' de *La casa de Bernarda Alba*,» *Revista Hispánica Moderna*, XXXI, 4 (1965), 385-98.
Reprinted as one of the essays in *Federico García Lorca*, ed. Ildefonso Manuel-Gil. Madrid: Taurus, 1973, pp. 301-21.
«El esperpento: su signo universal,» *Cuadernos Americanos*, 27, 2 (1968), 213-37.
The English translation of this essay appears as «The Esperpento: A New Novelistic Dimension,» in *Valle-Inclán, Centennial Studies*. ed. Ricardo Gullón, Austin: University of Texas Press, 1968, pp. 63-96.
«Secuela, realidad y profecía del teatro de Valle-Inclán,» *Cuadernos Americanos*, 34, 2 (1975), 376-414.
«La radical esencialidad de Sigüenza,» in *Homenaje a Gabriel Miró*, ed. by J. L. Romain del Cerro. Alicante, 1979, pp. 35-52.
«Vicente Aleixandre en su ámbito,» *Cuadernos Americanos*, 39, 2 (1980), 228-51.

WORKING WITH JOSE

CLAYTON ESHLEMAN

«Where I miss a man
is not getting him & me
around a table...

Third Surface
between the surfaces of our minds
where the whole mystery of talk
bounds & needs
the bounce. The shared
preoccupation. I'm no friend
of heart-to-hearts; for heart
to speak to heart you need
a table. A body. A body
of work. A trade. A box
of swiftian tools.

The Third
is magic—
it unlocks the heart.
Heart to heart is dumb squish.
We need
the artifice of order, something
to talk around,
an obstacle. A stump.»

—Robert Kelly, THE LOOM, Section 2

José and I would sit together at a table (generally in his kitchen), each of us with a copy of Vallejo—our stump. Although in our case as translators, we were only sometimes talking around Vallejo—more often, we were talking through or with him, as if he were participant as well as obstacle. But Kelly's sense of «the shared preoccupation» leading to meaningful talk holds as a metaphor for our relationship through Vallejo. The often insurmountable difficulties of his text brought about a kind of mountain-climbing friendship. In a magical way, a heart to heart conversation, in fits and starts, before, during, and after work occurred, that while not lengthy nor «confessional,» makes me feel that I know José better this way than had I met him any other way. For the heart to heart as such, is only an aspect of a larger heart to heart involved with talking through Vallejo. The stressing of this as opposed to that, the give and take, the compromises necessary for a satisfactory working relationship—all these «textual» matters—are perhaps more heart to heart than shared personal information. Although I would not have one without the other.

I met José in 1971 when I was looking for someone to go over with me the 4th of 5th draft of César Vallejo's ESPAÑA, APARTA DE MI ESTE CALIZ. Throughout the 60s, I had worked on the 95 other poems that with ESPAÑA make up Vallejo's posthumously published poetry. And in 1968 I had published the 9th draft of these 95 poems (they were then referred to as POEMAS HUMANOS/HUMAN POEMS), ending my Translator's Foreword with the following words: «But I will elaborate no more. My work is done.» During these years I had checked each draft with a different person, then incorporated that person's suggestions in a new draft and checked it with a different person etc. This was a very frustrating process, as not only did different people offer different suggestions, but the suggestions were often guesses, wrong guesses that I would have to later undo.

Without going into greater detail about my work on Vallejo in the 60s, it is appropriate to say here that José was the first person I met who I felt that I could work with as co-translator, with whom I would share equal responsibility for the success of failure of our work. There were a number of reasons for such feelings (I was certainly sick of going from one informant to another), but the most important ones were that José immediately struck me as honest—in the sense that he would say he did not know something if he did not know it and not simple offer a guess—scrupulous, and of considerable literary intelligence. He also struck me as stubborn, but as I am too, I figured that our tug-of-war might come to something. So we worked together for about 7 years, at first on the ESPAÑA poems, and then on a retranslation of the other 95 poems, which involved doing 9 more drafts based on my published 9th draft. Other than a year that I spent in France when we tried, and gave up, working through the mail, we worked around 10 hours a week.

A marvelous complex of emotions is stirred when I think back on our work together. At times we were like two beavers, both gnawing at different angles into the Vallejo-tree, assuming it would fall, hoping it would fall at the angle each of us were setting it up to fall, but unsure if it would fall at all and if it did, which way e.g., does this line really mean anything? It looks like nonsense but doesn't «feel» like nonsense, meaning: have we simply not found its sense? But to push on and on is to risk making sense of what is actually poised on the edge of sense and nonsense, so how do we translate the line that way?

Sometimes José would know what a phrase meant and explain it to me—a fine explanation that, written down, would be 4 or 5 times as long as what Vallejo had written. Then it was up to me to find a way to say it as succinctly as the author. And I would come up with something that I thought was brilliant—and José would say, no, that is a little different. Back and forth. At times very trying for both of us. At times, as if our tug would break and we'd fall back from each other, angry, isolated, out of mutual give and take.

But the latter did not happen. We grumbled and argued, but we stayed within the arena of an ongoing possibility that could only be resolved through sharing and compromise. The danger was, and we were both very aware of it, that my American rendition of a line might contain nuances which José did not pick up, but which had he picked up, he would have felt shaded the meaning/non-meaning away from what Vallejo had written. And on my part, there was always the fear that in José's explanation of something, I would hear the wrong stress—or that in his fluent but not perfect English, he would misplace the stress and that I would emphasize *that* in contrast to something else.

The gain from all of this was that we were very, very careful at the same time that we laughed a lot, because on one level we were in an absurd situation: not only could we not match the connotative density of much of Vallejo (we would have to choose one word in

English to translate a word that might actively mean several different things in Spanish), but we also knew that no matter how hard we tried to offer an interpretation in place of a translation of something, that most of our translations were interpretations. Plus: our own backgrounds were surely filtering into the finished product. At one end of the spectrum, José belonged to a more reserved, traditional approach to literature which, in a sense, Vallejo had one foot in. At the other end, as a post-WW II American poet, I find myself in a very loosened up language which had been knocked about for years, now, by common speech, slang, obscenity etc. Vallejo also engaged this aspect of language in Spanish in a way that (given his time, and the much greater rigidity of Spanish when compared to American English) was much more striking, and odd, than were it to be done today by an American poet.

Thus when was José's probable emphasis of his end of the spectrum more apt or when was mine? Since Vallejo spanned this spectrum that I am imagining here, we were always somewhat in the dark. That we could continue to work together under these circumstances, daily, weekly, yearly, is something I feel very proud of—for both of us.

Los Angeles, December 17, 1980.

ILEGIBLE, HIJO DE FLAUTA:
GUION CINEMATOGRAFICO DE JUAN LARREA
Y LUIS BUÑUEL

DAVID BARY
University of California, Santa Barbara

En 1980 se publicó en dos numeros sucesivos de la revista *Vuelta* un extraordinario documento artístico, fruto de la colaboración entre dos viejos amigos de José Rubia Barcia, Juan Larrea y Luis Buñuel. Titulado *Ilegible, hijo de flauta,* la obra es un guión cinematográfico, o más bien un proyecto o resumen de guión, ya que en algunos casos los diálogos y las escenas se indican en forma resumida o esquemática.[1] *Ilegible* representa un intento de crear un film poético de índole semi-surrealista en el que las imágenes, que se suceden vertiginosamente, se dirigen al inconsciente del espectador, quien se encuentra ante una representación totalmente fuera de lo común.

Se trata del viaje del protagonista, Ilegible, acompañado de dos compañeros, Avendaño y Carrillo Izquierdo, desde la ciudad de Villalobos a través del mar en busca de una isla flotante que pudiera ser el lugar apropiado para una nueva realidad de nivel superior a la de nuestros días. A través de una serie de peripecias y catástrofes—trenes despeñados, naufragios, metamorfosis, etcétera—Ilegible y Avendaño llegan por fin a un mundo en el que tiempo, espacio y psique se encuentran transformados: Columbia, Nuevo Mundo y lugar del ser alado, señoreado por la imaginación creadora.

La densidad de los episodios es tal, dado el carácter de resumen que tiene nuestro texto, que es imposible comunicar a un lector que no lo conozca directamente una idea completa de la trama ni de las complicaciones de contextura simbólica que contiene. Algunos ejemplos tendrán que bastar para sugerir la

naturaleza de la experiencia artística que nos propone el texto.
   Ilegible inicia su viaje y su metamorfosis un día en que todos los policías de ciudad de Villalobos se suicidan, cada uno por sus razones particulares. Deja a su mujer, abandona su casa y se encuentra con una hermosa joven que tiene un vago parecido con la Estatua de la Libertad. Con ella se siente capaz de ir al fin del mundo; pero el tiempo ya no funciona de manera normal, y en pocos momentos la joven envejece, convirtiéndose en una figura maternal que se muere y cuyo cadáver desaparece. Ilegible se aleja y ella, rejuvenecida, camina en pos de él como un fantasma. En el tren que toma Ilegible se encuentra con Avendaño, también prendado de la misma joven, a quien vio en una tienda y quien está esperándolo, según vislumbra él, en algún lugar remoto. El tren se despeña en una barranca, pero Ilegible y Avendaño salen ilesos entre los restos humeantes de los vagones y los miembros destrozados y separados de los demás pasajeros. Avendaño se tiende y parece perder el conocimiento. Ilegible acerca el oído al corazón de Avendaño y oye en el ritmo del alfabeto Morse un mensaje que termina: «*Pronto, pronto...Si no, llegarás tarde a la creación del mundo...*» En seguida los dos compañeros se encuentran con Carrillo, extraño personaje que acaba de formarse allí mismo con los miembros de varios pasajeros muertos. Este les invita a acompañarle en su velero, el *Favorables,* para salir en busca de una isla flotante y dotada de vida propia que pudiera ser el lugar adecuado para la solución de los principales problemas de la vida. Aceptan la oferta, y el grupo sale del puerto de Finisterre. Después de muchos días de viaje se ve en el agua el cuerpo flotante de una mujer desnuda, que suben al barco. Es la misma que pareció morir en brazos de Ilegible. Hay galerna, y todo se viene abajo. Después del naufragio, se encuentran en una tierra nueva, que pudiera ser la isla, y en la cual, tras un sinúmero de incidentes variadísimos, Ilegible y Avendaño, montados en un rocín y en un asno, llegan a Columbia, tierra de la imaginación creadora.
   El guión publicado en *Vuelta* se basa en su argumento y en su contextura simbólica en un relato poético escrito por Larrea en Paris en 1927 y 1928 y luego perdido en Vallecas durante la Guerra de España. A petición de unos amigos comunes de Larrea y Buñuel, quienes se encontraban en la ciudad de México como refugiados, Larrea volvió a construir una nueva versión de *Ilegible* en México en 1947, con la idea de que pudiera servir para hacer una película. Buñuel aceptó la idea con entusiasmo, y ayudó a formular un pro-

yecto de guión, que circuló entre los amigos de Larrea y Buñuel en copias escritas a máquina. En 1948 se le agregó una *Introducción* para explicar el proyecto a posibles lectores profesionales de los medios del cine, y se tradujo parte del resumen al inglés. Pero en ese momento el proeycto no cuajó, y no se habló más del asunto antes de 1957, año en que Buñuel volvió a interesarse de modo activo en *Ilegible*. A petición suya Larrea, con la ayuda de su hija Lucianne, amplió la versión de 1947, agregándole varias escenas. El texto publicado en *Vuelta* representa, según Larrea, la versión de 1957.[2]

La versión de 1927-1928 de *Ilegible* era, según su autor, un relato en prosa «onírica» que quedó inconcluso porque Larrea no supo continuarlo en aquel entonces. El estilo del texto perdido debió ser muy distinto del de la prosa neutral y como de informe anual del proyecto cinematográfico posterior. Lo más probable es que se haya parecido al de los poemas en prosa y verso del libro *Oscuro dominio,* también escrito en París hacia 1927-28.[3] Lo cierto es que *Ilegible,* en sus temas y en muchas de sus imágenes básicas, se asemeja notablemente a *Oscuro dominio*. Coincide en los grandes temas (muerte del yo tradicional de Occidente, transformación de la conciencia individual y colectiva, llegada a un Nuevo Mundo de vida y conciencia de nivel superior) así como en muchos detalles y episodios.

En *Oscuro dominio* el tema de la muerte del yo está presente o subyacente en todos los textos; se menciona con relación específica al suicidio en «Atienza,» en «Diente por diente» y en «Dulce vecino.» Es más, el desmornamiento de las viejas estructuras mentales se expresa en «Diente por diente, IV» con una imagen que parece sacada directamente de *Ilegible:* «Lo que ha sido ya no es, las grandes creencias se despeñan como policías suicidados.»[4] El viaje a las antípodas en busca de un nuevo mundo de conciencia superior es otra de la metáforas centrales de *Oscuro dominio*. En «Cavidad verbal» la muerte del yo se anuncia en forma de partida: «Yo va a separarse, yo va a partir, es preciso partir» (pág. 138). «Atienza» nos evoca un pueblo castellano emigrado a América en busca de nuevo mundo; en el poema en prosa dedicado a este pueblo ausente de Castilla se habla de un «vuelo urdido en el corazón de otro mundo» (pág. 123). Este pueblo emigrado se parece al «espacio aventurero» que en «Diente por diente, IV» «empieza a brotar por entre las junturas de los dos hemisferios» y a cuya luz «todo lo evidente se desploma y salda su sentido....» (pág. 131). Ambas imágenes se relacionan de manera bastante obvia con la isla flotante que buscan los aventureros de *Ilegible*. Estos detalles, y otros varios que se podrían citar de haber sitio, permiten establecer sin dudas el parentesco entre *Illegible* y *Oscuro dominio,* ayudando por lo tanto a situar a *Ilegible* entre los textos centrales de la obra de creación de Juan Larrea.

La versión publicada de *Ilegible* se diferencia de tres maneras de la de 1947-1948, la que circuló en los medios del cine y entre los amigos de los autores: 1) por una serie de pequeños cambios de lenguaje cuyo estudio no nos interesa aquí; 2) por la agregación a la versión final de una serie de escenas que ocupan varias páginas y que trataremos más adelante; 3) por la existencia al principio del texto inédito de una interesante *Introducción* que no se publicó en *Vuelta.*

La *Introducción* no se dirige al público sino a los especialistas del cine que pudieran interesarse en la producción de la película. Está redactado en lenguaje sencillo como para convencer a gente de mentalidad no muy poética de la conveniencia de hacer una película fuera de lo común. Los autores se dedican a explicar lo que es un film poético, a sostener que existe en su juicio un público adecuado para tal clase de producciones, y a exponer el significado y alcance de los principales símbolos usados en el guión.

La obra de arte, según los autores, debe reflejar las inquietudes y esperanzas de la humanidad actual, que anhela huir, siquiera en la imaginación, de la realidad que le rodea en busca de otra mejor. Nada mejor para alcanzar este fin que el film poético, «instrumento maravilloso para la expresión de la poesía y de los sueños—del subconsciente...» (pág. 1). *Ilegible* pretende ser «un sueño de carácter poético que se desarrolla más allá de la conciencia social, para poner en movimiento las profundidades de la psique» (pág. 2). La obra, que se propone dirigirse al insonsciente en su lenguaje propio, es «un conglomerado de símbolos...naturales...articulados según las necesadades naturales de nuestra mente.» Estos símbolos, como verdaderos, son polisémicos y actúan de manera velada e indirecta:

> Sin embargo, fuera un error presentar estos símbolos al desnudo. Como la carne cubre y disimula el esqueleto, así en este film lo aparencial cubre el símbolo que el espectador debe sentir más que descubrir. De no ser así todo el efecto estético de la obra quedaría

desbaratado, convirtiéndose más en una obra filosófica que en una obra artística, es decir, se dirigiría más a la inteligencia que a la imaginación. (pág. 3)

Sin embargo, los autores, después de esta salvedad, tratan de simplificar el complicado sentido de sus símbolos para que cualquier jefe de la industria cinematográfica, hasta el legendario Samuel Goldwyn con su fama de iletrado, pueda seguir la idea. El resultado es que se nos proporciona, sin lugar a dudas, un concepto inequívoco del núcleo semántico de los principales símbolos del guión.

En este nueva sección de la *Introducción,* titulada «Algunos símbolos del film *Ilegible,*» se nos explica que la trayectoria del film lleva a los protagonistas de una situación inicial de Viejo Mundo, así en el tiempo y en el espacio como en la psique, a otra situación final de Nuevo Mundo, con cambio en la naturaleza del tiempo, del espacio y de la psique. Con el suicidio de todos los policías de la ciudad de Villalobos se levanta la censura psíquica que impedía la liberación de la imaginación creadora. Este hecho le indica al protagonista, Leandro Villalobos, que ha llegado el momento apetecido desde hace tiempo de liberarse del yo viejo, que es la cadena que nos tiene presos: de aquí que en el guión cuando un personaje pronuncia la palabra 'yo' se oiga un ruido de cadenas o de cristalería que se rompiese. Villalobos abandona el nombre que había llevado hasta la fecha, nombre que como la de la ciudad en que vive se caracteriza por el engaño: por esto, en el guión, la mujer le engaña en su casa de la calle del Desengaño, 27. Vuelve a su verdadero nombre, Ilegible, hijo de flauta, que se refiere al hecho de que no tiene padre y así carece de verdadera identidad, habiéndo sido inclusero y habiendo sido injuriado por sus compañeros, quienes le llamaban «hijo de flauta.»[5]

Desde este momento todo cambia, empezando por la marcha del tiempo. Ilegible abandona su casa y parte en busca de no sabe qué vida nueva, encontrándose de pronto con una hermosa joven que se parece un poco a la Estatua de la Libertad y que pudiera ser su esposa ideal pero que en pocos momentos envejece, convirtiéndose en una madre que según la *Introducción* representa «la libertad futura que lleva consigo la promesa de un nuevo día, de una nueva luz, de una nueva conciencia...» Se inicia el viaje al Nuevo Mundo con un tremendo accidente de tren porque «los catástrofes (tres y barcos) se suceden para pasar de un mundo a otro.» Después del primer gran accidente se oye hablar al corazón de Avendaño porque de esta manera, hablando el corazón, «se eschucha el lenguaje del amor que promete la creación de su mundo.»

En la segunda etapa del viaje se parte del Finisterre, «del fin de la tierra, en busca de una realidad distinta (mujer flotante, Venus, Libertad, Madre Tierra)...» Carrillo, dueño del velero, formado de los restos de varios pasajeros muertos, representa «el hombre tecnológico—personalidad de transición de un mundo a otro, formado con restos de catástrofes...» (Su velero se llama el *Favorables* en la versión final, agreguemos en este momento, aunque no lo mencione, claro está, la *Introducción* de 1948, como recuerdo de otro vehículo del viaje espiritual de la vida de Juan Larrea, o sea, la revista *Favorables París Poema,* que publicó en París en 1926 con Céar Vallejo y a la que siempre se refería en la conversación con el nombre abreviado de *Favorables).*[6]

Carrillo no llega a la meta de Columbia, lugar del espíritu, porque en cierto momento se desvía del camino que seguirán Ilegible y Avendaño, tentado por la visión de una playa multitudinaria representada en el guión por un «stock shot de Coney Island.» Según la *Introducción,* esta desviación se produce porque la visión de la playa representa para Carrillo, hombre de transición, como vimos, a la Libertad, al paso que para Ilegible y Avendaño, el mismo campo visual les parece un desierto como los del sudoeste de Estados Unidos. Ellos dos están enamorados de la joven misteriosa, de la cual dice Carrillo cuando la suben a bordo del *Favorables,* en el estilo brutal que le caracteriza: «Te apuesto un huevo duro, o si quieres los dos que no es América.»[7] Lo que equivale a decir que no es la esperanza, que no es la libertad, hablando en lenguaje larreano. Por esto dice la *Introducción* que se establece en *Ilegible* una distinción entre dos conceptos de la libertad, «el concepto actual de la libertad, limitado y anticuadamente vestido, y el concepto de Libertad, radiante y desnuda, propio del Nuevo Mundo. De aquí que Carrillo, personalidad de transición de un mundo a otro...se identifique con el primer concepto de la libertad mientras que el protagonista y su compañero vayan en busca de otra libertad más profunda, la «Libertad cantada por Walt Whitman en su poema «Spain.» En ese y otros poemas utilizaba el nombre COLUMBIA para designar a América.»

También se explica en la *Introducción* la extraña escena en que salen de una caja los principales personajes de *La vida es sueño,* quienes desfilan por la playa desconocida en la que han naufragado

Ilegible y compañeros, mientras se oye recitar en una voz que resuena a cripta el estribillo del soliloquio de Segismundo: «Y teniendo yo más alma / ¿tengo menos libertad?» La mención de la libertad se conecta, dicen los autores, con las libertades antes aludidas; pero la aparición de los personajes de Calderón nos sugiere también el tema de cierto despertar metafórico, aunque el despertar de *Ilegible,* de índole claramente post-cristiano, no sea precisamente, por lo menos en términos literales, el que inquieta a Segusmundo;

> Como el fin del film, parecidamente al de nuestra cultura occidental, es lo que Rimbaud apetecía en su carta del vidente, «despertarnos en la plenitud del gran ensueño,» es lógico que, una vez mezclados todos los tiempos y mediante un «gag» de naturaleza onírica, la acción del film se conecte con «La vida es sueño,» anunciando así un determinado despertar.

La lectura de la *Introducción,* con su afán de simplificar la contextura simbólica de la obra, no prepara al lector para el conocimiento directo de la obra, con sus complicaciones y sus intricadas sorpresas y cambios, elementos éstos últimos que hacen acto de presencia en ambas versiones pero más ampliamente en la versión final, gracias a los episodios añadidos en 1957.

Los nuevos episodios se agrupan en dos partes distintas del argumento. Los primeros empiezan cuando los aventureros se acercan al puerto donde se encuentra el velero de Carrillo; ocupan, ampliándolos de modo considerable, los preparativos de viaje y el viaje mismo, hasta el momento en que se divisa a la mujer flotante. Se añaden aquí el encuentro con el personaje de tipo folclórico que arrea un cerdo que crece por momentos, la riña de los gitanos que luego maldicen a Carrillo, el decepcionante encuentro con el sumergible que anuncia «Coca-Cola bien fría,» la evocación por parte de los tripulantes del *Favorables* de Napoleón para que les ayude contra la tiranía de Carrillo, resultando que sale del otro mundo un Napoleón diminuto de tres pulgadas de altura que resulta inútil, y la ampliación de la descripción de la vida de abordo, con el tirano Carrillo tocado de una enorme gorra de contralmirante «o de generalísimo.»[8]

El segundo grupo de episodios añadidos comienza después del naufragio, ampliando y cambiando de manera decisiva las aventuras que llevarán a Illegible y a Avendaño a Columbia. Aquí figuran entre los materiales nuevos el encuentro con el león que se parece a León Felipe, el hallazgo del cofre lleno de dentaduras postizas y de monóculos y la visita que hacen Ilegible y Avendaño a un espectáculo multitudinario de los Testigos de Jeovah.²

Ilegible, hijo de flauta, en la forma en que se publicó en *Vuelta,* es un documento histórico y artístico de indudable valor e interés. Representa un capítulo imprescindible para el estudio de Juan Larrea y una interesante nota al pie de la página en la carrera de Luis Buñuel. En su forma actual resulta difícil de juzgar si se le mira en un plano exclusivamente artístico, porque no es ni una obra literaria propiamente dicha ni un verdadero guión de cine. Para ser una obra literaria le falta el lenguaje poético apropiado a las imágenes encadenadas que nos ofrece. Su caráter de resumen le impide ser, en muchas secciones, un guión completo e utilizable sin más para empezar una película. Y aunque fuera un guión completo, todos estamos de acuerdo, seguramente, en que un guión sin película no tiene verdadera vigencia como cosa en sí. Lástima que no se haya podido hacer la tentativa, sobre todo en vida de Juan Larrea. Sin embargo, la lectura del texto de *Vuelta* es una experiencia de gran interés, y su publicación es un gran acierto que pone a disposición del público un documento de indudable valor para la historia cultural de nuestros días.

NOTAS

1. Publicado en *Vuelta,* (febrero y marzo de 1980), pgs. 4-13 y 18-23.
2. La historia de nuestro texto se presenta de manera detallada en Juan Larrea: «Ilegible, hijo de flauta: complementos circunstanciales,» *Vuelta,* (marzo de 1980), pags. 24-25.
3. *Oscuro dominio* (México: Alcancía, 1934); recogido en *Versión celeste* (Barcelona: Barral Editores, 1970); ver también David Bary: *Larrea, poesía y transfiguración* (Madrid: Planeta-Universidad Complutense, 1976), pgs. 68-69; 132-133; 148; 152-153; le agradezco al profesor C.B. Morris que me haya facilitado el texto de la versión de 1947-1948 en la copia que existe entre los papeles de Emilio Prados en la Biblioteca del Congreso, Washington.

José Rubia Barcia

4. *Versión celeste,* pág. 131. De aquí en adelante las citas de *Oscuro dominio* vendrán con el texto.
5. Es posible ver en el nombre Illegible, con las circunstancias que le son propias, el reflejo de la historia de un pariente de Larrea, el cual, según la leyenda familiar, habría cambiado de vida de manera abrupta al creer descubrir a los veinte años que era ilegítimo.
6. *Favorables París Poema* se publucó dos veces, en junio y octubre de 1926. En la versión de 1947 el velero de Carrillo se llamaba el *Insaciable.*
7. *Vuelta,* febrero de 1980, p. 13.
8. *Vuelta,* febrero de 1980, pp. 10-13.
9. *Vuelta,* marzo de 1980, pp. 19-23.

MADARIAGA E HISPANOAMERICA

RUBEN BENITEZ
University of California, Los Angeles

No es necesario demostrar el interés de Salvador de Madariaga por los problemas de los países de Hispanoamérica.[1] Evidencian ese interés libros tan vibrantes como la *Vida del muy magnífico Señor Don Cristóbal Colón* (Buenos Aires: Sudamericana, 1940; 1a ed. inglesa, London, 1938), *Hernán Cortés* (Buenos Aires: Sudamericana, 1943; 1a ed. inglesa, New York, 1941), el extenso estudio *Cuadro histórico de las Indias...* (Buenos Aires: Sudamericana, 1945; 1a ed. inglesa London, 1946) que precede a la biografía de *Bolívar* (México: Hermes, 1951; 1a ed. inglesa, London, 1951), los estudios políticos *Presente y porvenir de Hispanoamérica y otros ensayos* (Buenos Aires: Sudamericana, 1959), y *Latin America between the Eagle and the Bear* (New York: Praega, 1963); así como novelas de fondo histórico americano como *El corazón de piedra verde* (Buenos Aires: Sudamericana, 1945) y la sorprendente cantidad de artículos breves y de discursos sobre aspectos de la vida hispanoamericana difundidos por la prensa internacional.

Esos trabajos suscitaron desde su publicación apasionadas polémicas intelectuales. El Colón de Madariaga, astuto judío de ascendencia catalana, ofendió a los historiadores tradicionalistas; su Hernán Cortés, héroe estoico cuyo espíritu civilizador apenas se empaña de crueldad y de codicia, fue rechazado por los intelectuales mexicanos opuestos a tal valoración; su Bolívar, ambicioso paladín de la reacción anti-española y pro-anglicana en las colonias, despertó las protestas de los historiadores venezolanos, coleccionadas luego en un grueso volumen.[2] Una reacción parecida, aunque más violenta aún y menos pensada, provocaron sus artículos políticos como *Castro, Latin America and the U.S.A.*

(México: Examen, 1961) en que se pide directamente la intervención armada de los Estados Unidos en defensa de la libertad cubana. Los dictadores hispanoamericanos de los últimos cuarenta años consideraron a Madariaga como enemigo casi personal. Esas reacciones se explican en gran parte, como el mismo Madariaga lo observa, por un celoso sentimiento nacionalista exacerbado también por otros españoles ilustres como Miguel de Unamuno, Ortega y Gasset, y Américo Castro. Pero sólo en parte. Madariaga repite ciertas ideas básicas provocadoras de reacciones semejantes. Me propongo ahora analizar esas ideas que forman el cañamazo sobre el que se dibujan figuras y hechos de la historia hispanoamericana. Tal propósito constituye además un buen pretexto para volver a leer esa extraordinaria colección de libros de tan rica información como deleitoso estilo. Libros de estudio, sí, pero de apasionado estudio; las polémicas que generan me parecen la más digna repuesta a la vitalidad de sus ideas.

Madariaga, que procuró siempre ante los españoles el distanciamiento de un hombre europeo y por consiguiente universal, exalta curiosamente ante los americanos la hondura de su hispanismo radical. Los términos *europeo* y *español* resumen una contradicción básica, la misma que confiere a la actividad internacional de Madariaga su inconfundible sesgo. Madariaga introduce en el pragmatismo de las discusiones internacionales una elevada visión del destino europeo al mismo tiempo que procura llevar la política española a terrenos más reales y pragmáticos. No se trata de un planteamiento táctico; para Madariaga las necesidades prácticas de la vida moderna requieren cada vez más el cuidado de las más oscuras tendencias de la sangre y del espíritu. La contradicción entre vida material y vida espiritual es para él tan falsa como la contradicción individual entre cuerpo y espíritu o entre pasión e inteligencia. La *idea vital* de Madariaga, asentada en el fondo mismo de su personalidad, consiste en la superación de esas dicotomías. En el plano personal, el equilibrio entre vida espiritual y necesidades prácticas forma el centro ético al que tienden las dualidades psicológicas de Colón, de Hernán Cortés y hasta de Bolívar. No es extraño que Madariaga se replantee el valor del estoicismo de Cortés. La personalidad de Cortés se interpreta desde el siglo XVIII como ejemplo del estoicismo activo, en el que la *naturaleza* y la *razón* se asocian en un equilibrio que asegura el progreso de la civilización y el valor ejemplar de la historia. En el plano nacional, Madariaga procura indagar en la historia las razones que han producido en España el desequilibrio entre las tendencias espiritualistas y el desarrollo de las técnicas. En este sentido, su actividad de historiador complementa la que hacia las mismas fechas y con parecido propósito realiza D. Américo Castro. En la realidad internacional, persigue Madariaga la asociación de las tendencias materialistas de las modernas sociedades de consumo con la defensa de los valores espirituales sobre los que se ha asentado la civilización europea. De allí la honda y trágica frustración que las *Memorias* de Madariaga nos transmiten. El equilibrio que se busca parece inalcanzable, al menos en el plano de la vida nacional a partir de la guerra civil y en el de la vida europea, sacudida por inminentes catástrofes. Es posible que Madariaga haya logrado personalmente ese equilibrio en su refugio de Locarno, en Suiza, y en el seno de su copiosísima biblioteca. El retiro estoico ha sido siempre el resultado de los fracasos del estoicismo activo. Un escritor del que poco se habla pero cuya actuación en el pensamiento español creo indudable, plantea en el siglo XVIII la problemática nacional española en términos parecidos a los de Madariaga. Me refiero a Cadalso en cuyas *Cartas Marruecas* se discute el modo de ser español en relación con las formas de vida europea; la posibilidad de integrar el mundo personal al mundo político mediante una concepción ética que acepte los postulados del naturalismo estoico; la oposición sólo aparente entre estoicismo pasivo y estoicismo activo. En su evaluación de la figura de Hernán Cortés, Madariaga debió encontrarse con las páginas centrales de las *Cartas* de Cadalso en que se exalta esa dimensión ética de su figura.

No resulta pues extraño que los libros de Madariaga generen polémicas. En la búsqueda de ese equilibrio, el escritor está en constante polémica con aspectos de su propio ser; en polémica con España y con su cultura; en polémica con Europa toda. Gigantesco molino generador de batallas; todas fueron lanzas para él.

Por consiguiente, las indagaciones históricas de Madariaga, como ocurre con las de Unamuno y aún las de Américo Castro, evidencian la casi imposibilidad del rastreo histórico objetivo. Así como Castro va a la historia movido por la necesidad de explicar las razones de la Guerra Civil de 1936,[3] Madariaga proyecta hacia el pasado histórico su propio presente en el que actúa, más que la desazón de la guerra, la frustración política ante el fracaso de su propia utopía.

Madariaga descubre en 1942 una fórmula de la que se sirve

también Américo Castro para explicar ambos las diferencias entre el modo de ser español y el modo europeo. El *español* (debe entenderse también el *portugués,* y el *hispanoamericano)* desarrolla los valores que Madariaga y Castro dominan *verticales;* mientras que los ingleses y norteamericanos se preocupan por los valores *horizontales* de la personalidad. La dimensión horizontal tiene que ver con la organización societaria, la economía, y el incremento de la vida material. Inglaterra, los Estados Unidos, y en general las naciones protestantes han aprendido a desarrollar esa dimensión en detrimento a veces de la personalidad del individuo. España en cambio tiende a despreciarla y se ahínca en cierta verticalidad de creencias y de aspiraciones ideales, con olvido de las realidades materiales y de la vida societaria. Hamlet es horizontal; vertical el Quijote. Ambos modos de vida pueden y deben complementarse para beneficio de una armonía internacional. Hacia esa complementación tiende la utopía de Madariaga.[4] Esas ideas se asocian con el pensamiento de Castro. En el libro, *Iberoamérica,* que sólo parcialmente puede atribuírsele, Castro se refiere a esas dimensiones, con frases repetidas también en *La realidad histórica de España,* pero ahora aplicadas a la historia hispanoamericana: «Cuando la monarquía y la nobleza perdieron fuerza y prestigio; cuando el sentimiento religioso se atenuó y faltaron imperios que conquistar; los pueblos hispánicos de América se fragmentaron y se pusieron a vivir separadamente. No estaban unidos por intereses *horizontales* ni ligados a un trabajo común que hubiese creado en ellos lazos sólidos basados en realidades inmediatas y no sólo en creencias comunes.»[5] De modo que Castro y Madariaga coinciden en esa distinción central entre la *horizontalidad* anglosajona y la *verticalidad* hispánica. En otros aspectos, como en la valoración de los Reyes Católicos y del espíritu de la conquista, Castro y Madariaga diferirán significativamente.

Sobre esa base se establece entonces la utopía, que Madariaga mismo llama *Atlántida:* «Inglaterra y España deben contraer una alianza permanente llegando hasta federar su política extranjera sobre la base del bien común. Esta alianza devolvería Gibraltar a España, pero en cambio, a base de reciprocidad, daría a Inglaterra el uso no sólo de Gibraltar sino de todos los puertos e islas de España en caso de agresión contra la mancomunidad internacional libre de que sería Inglaterra el centro.» De inmediato, Madariaga confiere a los hispanoamericanos un importante papel en ese alianza internacional: «España es la madre patria de las naciones americanas, a pesar del mal humor que la frase suele producir entre hispanoamericanos cuando la manejan y manosean los mentecatos. Lo que en España ocurre tiene siempre gran resonancia en Hispanoamérica. Una España retrógrada, al servicio de las fuerzas del mal, sería ganzúa para tales fuerzas en el continente americano. Basta una ojeada al mapa para demostrar los grandes efectos que sobre el continente americano tendría una unión política permanente entre Inglaterra y España. Es natural imaginar que llevaría como de la mano a un fuerte sistema atlántico apoyado en el cuadrilátero Gran Bretaña-Estados Unidos-Hispanoamérica-España-Portugal. Esta *Atlántida* absorbería fácilmente a Francia y al continente africano, y constituiría en la política y en la estrategia planetaria una ciudadela inexpugnable.»⁶ Madariaga reconoce la seriedad de los obstáculos que es necesario remover para lograr la realización de esa utopía. Unos son los inherentes a la naturaleza misma de las potencias envueltas; aquellas tendencias *horizontales y verticales* de que se hablaba antes. Pero los más serios obstáculos son de índole histórica. A través de los siglos se ha ido creando un prejuicio anglosajón contra España, que se extiende en un prejuicio antihispanoamericano en los Estados Unidos y halla su réplica en las actitudes antianglicanas de los países hispánicos. Madariaga escribe en parte sus libros para *desfazer* tales prejuicios. Piensa sobre todo en un público inglés cuya opinión ha sido moldeada sobre el esquema de la *leyenda negra*. Hispanoamérica e Inglaterra han sido responsables por la creación de esa leyenda. No extraña que los libros de Madariaga sobre Hispanoamérica se publiquen en Buenos Aires o en México y se traduzcan de inmediato al inglés; a veces la traducción inglesa precede a la edición española o se publica simultáneamente. Algunos libros se conciben directamente en inglés, para el consumo sobre todo de los Estados Unidos, y destinados especialmente a los estudiantes universitarios norteamericanos, futuros delineadores de la política exterior de su país. Así ocurre con *Latin America between the Eagle and the Bear,* reducción muy simplista, casi *ad usum delphini,* de la historia actual hispanoamericana, que adquiere por momentos el carácter de una denuncia sobre la infiltración comunista en Hispanoamérica. En el *Cuadro histórico de las Indias,* publicado muy tempranamente en inglés, en dos volúmenes, Madariaga afirma en el prólogo de la edición española: «Esta obra se escribe para ser leída en Inglaterra, en Estados Unidos, y en las naciones hispánicas de América, amén de España.»⁷ El ordenamiento es sumamente aleccionador. No sólo se trata de las cuatro columnas, o mejor dicho las dos columnas y sus hijuelas americanas, que sostenían aquella *Atlántida* fantasiosa, sino que se establece un escalamiento de prioridades en el cual España casi no cuenta. Se escribe para el público de los países del prejuicio, y no para el público español.

No es extraño que el padre Bartolomé de las Casas sea personaje central en la obra de Madariaga y actúe como contrafigura de Hernán Cortés. Madariaga oscila, en el tratamiento de de las Casas, entre una muy restringida aceptación de su crítica a aspectos de la conquista, una indignada protesta ante sus exageraciones a veces tan evidentes, y sobre todo el intento de convertir a de las Casas en testigo de la causa que el mismo de las Casas combate; Madariaga lo convierte así en la mejor prueba indirecta del espíritu religioso y humanitario de la conquista. Para ello utiliza datos; los compara con otros; del botón hace muestra; trae a colación un proceder que viene a cuento; improvisa un juego verbal; parece coincidir con la afirmación pero la niega en la ironía; en fin, maravilla con una esgrima intelectual sólo comparable a la usada por otro ilustre gallego, el padre Feijóo, contra ideas y prejuicios de los que la *leyenda negra* formaba también parte. El resultado es bastante efectivo: Madariaga logra mantener sin embargo el eje de la justicia en la consideración de la obra lascasiana, hasta el riesgo de dejar a veces en posición comprometida su propia opinión. Su mayor éxito consiste en demostrar la variedad y riqueza de la conquista, proceso en que pudieron darse simultáneamente la más extremada crueldad y el más alto humanitarismo.

Con parecidos recursos maneja Madariaga los datos sobre instituciones indígenas de carácter esclavista como la *mita* y la *encomienda*. En todos los casos destaca el propósito altruista de la Corona en cuanto al espíritu de la ley concierne; los responsables de la aplicación práctica de esa ley, hombres díscolos y alejados de todo control oficial, desvirtúan a veces ese propósito. De ese modo, el espíritu de la conquista queda incólume aún cuando la realidad del proceso sea duro y sangriento para los países conquistados. Para Madariaga la conquista es movida sólo por intereses de carácter religioso o espiritual; los intereses materiales cuentan poco, al menos para los Reyes; y el oro que se busca dentro de ese propósito general no importa como riqueza sino por la grandeza que confiere.[8]

La dimensión de la personalidad española explica ese carácter espiritual de la conquista; Madariaga utiliza con frecuencia la palabra *cruzada* para referirse a la acción de los Reyes Católicos contra los moros y los judíos en la Península, para explicar la actividad de los misioneros con respecto a los indios, y para definir su propia utopía sobre la futura alianza anglo-española. Este es el principal punto de separación entre el pensamiento de Madariaga y el de Castro; y aún entre el pensamiento de Madariaga y la apreciación que el liberalismo español hace, desde el siglo XIX, de la historia española. Madariaga exalta de tal modo la personalidad de los Reyes Católicos, en especial de Isabel, que cuando Menéndez Pidal concibe su *Historia de España* pide a Madariaga, según éste, la redacción de la monografía correspondiente a los Reyes Católicos.[9] El Descubrimiento de América, empresa que evidencia más el celo religioso de Isabel que la astucia política de Fernando, extiende el espíritu de cruzada más allá de la Península. En la España de los Reyes Católicos, afirma Madariaga, «no se consideraba la unidad política y cultural como fin esencial del Estado ni a nadie preocupaba. Lo esencial era la unidad de la fe.»[10] Cree Madariaga, con Castro, que la temprana integración racial y psicológica de cristianos, moros, y judíos, hace del español un europeo diferente. Piensa como Ganivet que el error histórico de España consistió en torcer su natural tendencia hacia el Africa y el mundo musulmán y seguir la dirección de la América recientemente descubierta. España puede utilizar su antigua experiencia para entender modernamente, mejor que el resto de Europa, la problemática del Africa y del Medio Oriente. El reconocimiento de tal integración no lleva a Madariaga a discutir el espíritu de casta representado por los Reyes Católicos y extendido a América.

La conquista es sólo la prolongación de una profesión de fe. Madariaga recuerda que los conquistadores de México llamaban *mezquitas* a los templos aborígenes según el testimonio de Bernal Díaz. Pero Madariaga, y también Castro, se estremecen ante la violencia del espíritu de *cruzada* cuando se trata de suprimir, en el ámbito europeo, la religión o la civilización de los árabes y judíos; pero en cambio disimulan esa violencia cuando las víctimas de tal espíritu son las religiones aborígenes de Hispanoamérica o las civizaciones precolombinas. El *indio* no tiene para ellos el prestigio cultural del árabe. Madariaga atribuye a de las Casas la temprana idealización del indio utilizada luego por las tres grandes potencias navales europeas, Inglaterra, Francia, y Holanda como basamento de la *leyenda negra*. La religión católica en América suplanta horribles y sangrientas religiones primitivas. Madariaga extrema la pintura de las ceremonias religiosas aztecas, en que se adora a ídolos monstruosos, verdaderas personificaciones del demonio. Se justifica así la entronización de imágenes cristianas en las aras destinadas a Quetzalcoatl y a los sacrificios humanos. Las páginas más estremecedores de *Hernán Cortés* son las que contrastan esas ceremonias inhumanas con la dulce religión de Cristo. En la novela, *El corazón de piedra verde,* Xuchitl observa un oficio religioso en España y medita entonces: «Muchas veces había puesto en parangón los servicios religiosos de los cristianos y de los aztecas, hallando que la misa era un espectáculo tan hermoso y tan profundo que a su lado los ritos bárbaros y sanguinarios de sus antepasados se le antojaban casi inhumanos...Desde aquellas alturas donde en eterna serenidad moraba el Señor de luz y de amor, Xuchitl esperaba el maná de la paz, la luz de la razón, el amor de los seres, como un rocío que refrescara el corazón de los hombres de ambos mundos. Su corazón recordaba a Mezahualpilli, el precursor. ¡Cuánto le habría gustado *[a él]* aquella ceremonia religiosa!»[11] Todavía se siente a Chateaubriand, padre del exotismo americano, en la descripción de este estado de ánimo inspirado en la dulzura y belleza del culto cristiano.

Los conquistadores españoles no sólo suplantan imágenes sino que también eliminan los rituales de la antropofagía. La ceremonia de la atropofagia, ya de por sí tan vívida en la animada crónica de Bernal Díaz que sirve de fuente a Madariaga, adquiere en el historiador novelista un hálito de estremecedora realidad. Cortés impide el diezmo humano establecido por los aztecas. La conquista elimina también, por lo menos en la ley, la esclavitud frecuente en la civilización indígena. Madariaga se afana en demostrar el antiesclavismo de la Corona. Las discusiones teológicas sobre la igualdad de los indios y sobre la diferencia entre indios y negros establecen las bases para un trato humanitario que impide la esclavitud. Reconoce Madariaga que la buena voluntad de teólogos y de gobernantes quedó anulada muchas veces por las realidades de la vida práctica y que muchas poblaciones indígenas padecieron no sólo el dominio personal de los conquistadores sino también la marca infamante del hierro esclavizador. Sin embargo, queda como resultado de la lectura de esas páginas escritas en defensa del espíritu de la conquista la idea de que los naturales deberían agradecer ese modo de liberación; el proceso civilizador iniciado con el descubrimiento supera la antropofagia, la idolatría, y la

esclavitud primitivas.
   La realidad del mundo indígena ejerce sin embargo sobre Madariaga una fascinación parecida a la que ejerció sobre Hernán Cortés, y vence por momentos la menos matizada percepción puramente mental o ideológica. La gran capacidad evocadora del novelista anima las muchedumbres indígenas como si se diera vida a las figurillas de los códices. Las embajadas de Moctezuma, las escuadras coloridas de los batallones de indios, las mujeres y los niños que lloran en Cholula, la movediza y curiosa población siempre en las calles, proporcionan inusitada vida a la historia y contradicen a veces los esquemas ideales del historiador. Contribuye a ese efecto la extraordinaria expresividad de la prosa de Bernal Díaz engarzada en la de Madariaga sin desmedro una de la otra. Hernán Cortés logra de ese modo el grandioso escenario que su sobrevalorada figura requiere. La arquitectura monumental de los aztecas sirve para enmarcar las proporciones gigantescas del héroe; la plástica animación de los ídolos de piedra da realidad a las fuerzas demoníacas que se oponen a la fe. Los caudillos indígenas, en cambio, contrastan por su debilidad e incompetencia. No poseen una psicología distintiva. Moctezuma, convertido en un patético y ridículo personaje de *vaudeville,* con sus plumas y sus tejidos multicolores, se doblega ante Cortés más feminilmente que Marina. No parece ver Madariaga contradicción entre la crueldad adjudicada a las costumbres y esa debilidad esencial del aborigen.
   La exaltación del espíritu de *cruzada* y de los valores hispánicos trasladados al nuevo mundo exige en parte el sacrificio del elemento indígena. Madariaga no comprende, a pesar de su interés por México y por las descripciones coloridas de su población aborigen, el esencial fenómeno del mestizaje. En sus *Memorias,* desarrolla entre burlas y veras una inquietante teoría de las razas que aparece ejemplificada desde muy temprano en los libros anteriores. Enuncia entonces, con respecto a las mezclas interraciales, lo que llama un *precepto equilibrado:* «Conviene mezclar dentro del color. No conviene mezclar allende las lindes del color.» Y explica luego: «Creo que la mezcla entre variedades distintas de blancos, amarillos, negros, conviene y tiende a mejorar la estirpe; en general, el anglo-francés, el ítalo-alemán, el hispano-sueco; como el sino-japonés, suelen dar de sí más que lo que aportan los progenitores. Y sospecho que la causa se debe a un factor relativamente sencillo. La voluntad y la inteligencia viven en la sangre. Al mezclarse dos sangres distintas, se establece entre ellas

un diálogo de las dos mentes y de los dos voluntades. Si las sangres difieren bastante para que haya diálogo, y no bastante para impedirlo por incomprensión mutua, este continuo dialogar, por fuerza, actuará como un estimulante, y tanto la inteligencia como la voluntad del híbrido saldrán agudizadas. Por la misma causa, si se mezclan dos sangres demasiado distintas o remotas, el diálogo morirá de incomprensión, se crearán tensiones síquicas peligrosas y la hibridación llevará al fracaso.»[12]

El mestizaje hispanoamericano no mezcla *dentro del color*. Por el contrario, va *allende las lindes del color* y combina frecuentemente sangres *distintas* y *remotas*. En algunos momentos, Madariaga parece aceptar el mestizaje como prototípico del ser español. Al final de *El corazón de piedra verde,* el niño nacido con más rasgos aztecas que españoles simbolizará la confluencia de sangres. Su nombre asocia lo visigótico, lo árabe, lo judío, y lo azteca: Manrique Ha Levy ben Omar Mezahualpilli. Sin embargo, cuando Madariaga, por alguna razón, se disgusta con un proceder hispanoamericano culpa siempre al fondo aborigen de la falta de fidelidad a España o a la causa de la razón o de la justicia. La independencia de los países de Hispanoamérica, que es para Madariaga como para Unamuno y Américo Castro sólo un episodio más del desmembramiento del poder central evidenciado también en la Península durante los comienzos del siglo XIX, le parece un típico acto de traición meztiza. Así como el conde Don Julián traicionó la causa nacional española al abrir las puertas a los árabes, los héroes de la Independencia traicionan la causa de la unidad hispánica en beneficio de los intereses de Inglaterra. Madariaga llama a los precursores de la independencia los *donjulianes*. Miranda, típico exponente de ese *donjulianismo* criollo, merece del historiador un tratamiento realmente despectivo. En su entrevista con el general inglés Abercromby, Miranda describe las aspiraciones de los blancos y de los negros de la Gran Colombia. Madariaga acota: «Ni una palabra sobre los mestizos—otro rasgo típico de la psicología mestiza, especialmente en hombre como Miranda, muy ligeramente mestizo.»[13] La constitución que Miranda propone a Pitt le parece obra maestra del espíritu mestizo: «La idea de injertar la tradición de Yupanqui y de Tupac Amarú a la tradición de la Magna Carta no podía germinar más que en un cerebro mestizo.»[14] Los valores negativos que Madariaga advierte en Bolívar y que tanto alarmaron a los venezolanos, derivan siempre de sus características psicológicas de mestizo. Para Madariaga,

Bolívar tiene el alma dividida entre las tendencias de las dos sangres opuestas; es un ejemplo anticipado de la hibridación peligrosa de que hablarán luego sus *Memorias*. Bolívar expresa esa división con su actitud solapada; nunca mira de frente. La paciencia casi indiferente con que aguarda los sucesos aparece también como «rasgo indio de su complejo carácter.»[15] Y concluye Madariaga: «Claro que en realidad era un blanco, pero los pequeños afluentes de sangre negra y de sangre india, que habían entrado en su familia, bastaban para darle acceso a las memorias colectivas y las reacciones naturales de las otras dos estirpes.»[16]

La difusión del comunismo en México coincide para Madariaga con la idealización del elemento indígena planteada teóricamente por Rusia y sus satélites y en parte aceptada por el programa de la revolución mexicana. La repugnancia ideológica al comunismo se asocia al desprecio por el mestizo en la páginas en que nos describe su visita al muralista Diego Rivera. Madariaga entrevista a Rivera no en un palacio azteca sino en la casa del pintor en Altavista, pero las figuraciones plásticas de Rivera que decoran barrocamente su vivienda se asocian inconscientemente con los ídolos adorados por los aztecas. Dice Madariaga: «Fui a verle una vez allá en Altavista donde habitaba en una casa, por cierto, de una fealdad monstruosa. Jamás volví. Nada se dijo en nuestra conversación que produjera en sí la impresión que me produjo, pero pocas veces he sentido mayor repulsión para con un ser humano. Ya la casa y el estudio me desagradaron sobremanera, y de mal en peor, terminé de pie con él en medio del estudio sin nada que decirle ni deseo de oírle. ... Ahora que lo miro desde lejos, creo que lo que en Rivera me repugnaba era su carencia de amor. El rostro era feroz, y *además le faltaba sinceridad, todo en huidas y escurriduras de anguila.* ... Sólo así era posible explicar sus sórdidas contradicciones. Un embajador yanqui, multimillonario...le pagó pingües honarios para cubrir de frescos las paredes de la casa de Cortés en Cuernavaca—lo que Rivera aprovechó para despacharse a su gusto, pintando a Cortés como un enano jorobado y a los frailes como poco menos infames que meros bandidos. Bueno. Cedía al prejuicio nacional. Paciencia.»[17]

El Hernán Cortés de Madariaga y el de Diego Rivera quedan como los dos opuestos testimonios de un conflicto histórico aparentemente no resuelto y difícil de resolver si se continúa viendo la historia como la proyección de un espíritu mesiánico, de un espíritu de la raza, o de un espíritu de la lengua. La obra de

Madariaga es la expresión última del idealismo español que desde el siglo XIX percibe a Hispanoamérica como una prolongación de España, valiosa sólo en cuanto reproduce los valores abstractos de la hispanidad.

NOTAS

1. Este trabajo fue leído en el *Homenaje a Salvador de Madariaga,* 30 de abril de 1979, que organizó en la Universidad de California, Los Angeles, el profesor José Rubia Barcia. Participaron también el Consul español José Manuel Paz, Carrol B. Johnson, Carlos García Barrón, Gabriel Jackson, Joseph H. Silverman, y Michael Fawcett.
2. Victor Andrés Belaunde, et al., *Estudios sobre el «Bolívar» de Madariaga* (Caracas: Imprenta Nacional, 1967).
3. V. Mi *An Appraisal of the Inmediate Past and Present* en *Américo Castro and the Meaning of Spanish Civilization* edited by José Rubia Barcia (California: University of California Press, 1976), págs. 239-241; reimpreso como «Américo Castro y el siglo XIX español,» en *Cuadernos Americanos,* 37 enero-febrero 1978), 146-47.
4. V. *España; ensayo de historia contemporánea* (Buenos Aires: Sudamericana, 1942), pág. 768 et passim.
5. *Iberoamérica, su presente y pasado* (New York: The Dryden Press, 1942), pág. 21.
6. *España...,* págs. 768-69.
7. *Cuadro histórico...,* pág. 25.
8. Ibid, pág. 449.
9. *Memorias, 1921-1936; amanecer sin mediodía* (Madrid: Espasa-Calpe, 1974), págs. 152-53.
10. *España...,* pág. 46.
11. *El corazón de piedra verde,* págs. 830-31.
12. *Memorias...,* pág. 102.
13. *Cuadro...,* págs. 876-77.
14. *Ibid.,* pág. 877.
15. *Bolívar,* pág. 167.
16. *Ibid.,* pág. 160.
17. *Memorias...,* págs. 235-36.

EL ESPERPENTILLO OLVIDADO DE
DON RAMON DEL VALLE-INCLAN

R. CARDONA
Boston University

En 1969 el profesor José Manuel Blecua sacó a luz un «esperpentillo» de Don Ramón María del Valle-Inclán.[1] Se trata de «¿Para cuándo son las reclamaciones diplomáticas?,» que apareció en el No. 329 de la revista *España* el 15 de julio de 1922. «Teatro de *agit-prop*,» le llama Juan Antonio Hormigón[2] quien ve en él un «sentido directo, de denuncia específica, de incitación a la repulsa y condena de determinados comportamientos sociales,» es decir, características de ese tipo de teatro, «una de las constantes del esperpento.» Sin entrar a discutir esta denominación aplicada a la totalidad de los *esperpentos,* nos parece acertada en el caso del «esperpentillo» que deseamos analizar como una pequeña pieza de teatro que encierra en sí todos los elementos fundamentales del *esperpento,* el primero de los cuales es el de estar inmerso en la historia.

En esta pieza Valle-Inclán utiliza, como utilizará más tarde en la primera versión de *La hija del capitán,* un nombre simbólico para aludir a España. En su último esperpento utilizó un nombre enteramente ficticio—«Tartarinesia»—y solo la transparencia de los materiales con los que construyó su argumento revelaron inmediatamente sus intenciones satíricas. El gobierno lo reconoció así e inmediatamente hizo recoger la edición.[3] En el caso del «esperpentillo» utilizó un nombre, simbólico y real a la vez, para denominar a España. Como es una obra en que introduce una perspectiva internacional y quiere presentar a España como un país subdesarrollado, en comparación con los otros países de Europa,[4] es natural que escogiera, metonímicamente, la región más pobre y aislada de su país para representar el todo: las Hurdes. Valle-

Inclán, diez años antes que Luis Buñuel en su documental *Tierra sin pan* (1932), destaca esta región de España precisamente por motivo de su pobreza y de su atraso con respecto al resto del país y establece la siguiente ecuación: España es a Europa lo que las Hurdes son al resto de España. No es, sin embargo, una decisión arbitraria la que le hace escoger esta región en este momento. En ese año de 1922 las Hurdes habían sido objeto de comentarios periodísticos debido al viaje que hizo Alfonso XIII a esa región, que por siglos había permanecido aislada del resto del país, con motivo del primer camino que se abrió para establecer una conexión con el resto de España.⁵ (¡Es irónico que diez años más tarde la película documental de Buñuel nos muestre una pobreza y una desolación tan grandes, a pesar del viaje real de 1922!)⁶ Nada mejor que las Hurdes para simbolizar, exangerándola grotescamente, la situación del aislamiento y del atraso de España con respecto a los otros países de Europa y, particularmente, con Alemania. De ahí que resulte tan irónico el patrioterismo de Don Herculano, «el primer hurdano,» quien se precia de que Alemania, «el crisol de la cultura,» ha imitado a «las Hurdes» en lo del asesinato del político Walter Rathenau. El caso es que este magnicidio se llevó a cabo menos de un año después del de Eduardo Dato, que tuvo lugar el 8 de marzo de 1921. Tampoco aquí es casual la conexión que establece Valle-Inclán entre estos dos crímenes políticos. Precisamente en 1922, y después del asesinato de Rathenau, las autoridades de Alemania devuelven a las españolas al anarquista catalán Luis Nicolau quien, junto con Ramón Casanellas y Pedro Mateu, fue uno de los presuntos asesinos de Dato. Nicolau había huído a Alemania después del crimen. La insinuación clarísima es que el asesinato de Rathenau ha sido llevado a cabo con la asistencia y el *asesoramiento técnico* de españoles.

Pero hay más trasfondo histórico. Veamos un trozo del diálogo para ver cuánta carga es capaz de poner don Ramón en tan pocas palabras. Hablan Don Herculano y Don Serenín, especie de asistente adulador del «primer hurdano»:

> Don Ser.— ¡Ese puesto *[el de «primer hurdano»]* se lo reconocen a usted en todas partes! *[La ironía, dada la situación miserable de las Hurdes, es feroz.]*
> Don Her.— Sí, señor. ¡Hasta en Francia!
> Don Ser.— ¡En todas partes!

Don Her.— No sé si los bolcheviques.
Don Ser.— La opinión de esa gentuza me tendría a mí sin cuidado.
Don Her.— No me explico cómo pacta con ellos Alemania. ¡Un pueblo en donde es sagrado el respeto a las jerarquías sociales! *[Se refiere, claro, al Tratado de Rapallo que en 1922 acababan de firmar Alemania y Rusia. De ahí el comentario que sigue de Don Serenín.]*
Don Ser.— Alemania hoy parece algo contaminada. *[Hormigón sugiere que aquí Valle-Inclán tiene en cuenta los movimientos obreros en Alemania, «la República popular de Baviera, el movimiento espartaquista y los asesinatos de Rosa Luxemburgo y Karl Liebknecht...» p. 383]*
Don Her.— ¡Se salvará! ¡Qué duda cabe! Se salvará como nos salvaremos nosotros los hurdanos. Conozco las virtudes de la raza germánica. ¡No son iguales! ¡Qué técnica admirable!
Don Ser.— Alemania es el crisol de la cultura.
Don Her.— No hay quien le eche la pata. En la actualidad su técnica no tiene rival.

De ahí el orgullo de Don Herculano al notar que en eso de los asesinatos políticos, «Alemania nos copia,» a pesar de que, como ha dicho, «en la actualidad su técnica no tiene rival.» Por eso también sugiere ese homenaje de agradecimiento a los alemanes por haber adoptado en esta ocasión la técnica «hurdana» para «exterminar a un político traidor al ideal germánico, y simpatizante con las ideas bolcheviques.»

Por otra parte creo que es bastante clara la caricatura que hace Valle-Inclán de Vásquez de Mella, ese firibundo germanófilo que en un discurso suyo pronunciado en mayo de 1915 expresaba conceptos como los siguientes;

...Todos trabajaron silenciosamente en Alemania, y al llegar la hora del conflicto surge el imperio de tal modo, que hasta por cuestión de estética debemos

saludarlo...
...Los intereses nuestros son acordes con los de Alemania. Por eso nuestras simpatías deben de dirigirse a Alemania, aunque no sea más que apoyándonos en el apotegma de que son nuestros amigos los enemigos de nuestros adversarios...Un español llegado de Alemania me dice que el que manda más allí después del Kaiser es el embajador de España, señor Polo de Bernabé...*[*Recuérdese que en el «esperpentillo» Don Herculano asegura que «el Kaiser lamenta no haberle escuchado» porque, con sus consejos «quizás no hubieran ganado la guerra los aliados;» y también que es el Kaiser quien ha dado el título de «el primer hurdano» a Don Herculano.*]*
...Por eso amo a mi Patria y la evoco en mis sueños. Cuántas veces, al apartar la vista de la hora presente la dirijo a la Historia, y veo a los cruzados, a los conquistadores, a Colón, Elcano, Felipe II, Cisneros, Carlos V, Juan de Austria...Entonces quiero ser soldado en los Tercios de duque de Alba, de Farnesio, de las naves donde fue el «Manco de Lepanto»...Quiero recordar a Calderón, a Fray Luis de León, a Vives, a Suárez...que asciendan mi espíritu Santa Teresa y San Juan de la Cruz, quiero ver a Velázquez y a ribera, sentir gloria española más que estar viviendo las horas presentes...[7]

No nos sorprende, entonces, encontrar en nuestro «esperpentillo» la siguiente frase, alución clarísima al discurso citado:

...emplearé la manera profética del gran Vázquez de Mella «Doña Concepción Arenal, que hoy, a no dudarlo, hubiera militado con nosotros en las filas de la derecha...»

Y, de nuevo, en el siguiente diálogo se vuelve a mencionar a Vázquez de Mella junto a otros nombres de políticos derechistas ironizados por Valle-Inclán:

Don Ser.— Las izquierdas no tiene profetas.
Don Her.— ¡Evidente! ¿Donde tienen las izquierdas

Don Ser.—	un Vázquez de Mella? ¿Y un Maura?
Don Her.—	¡Y un don Juan de la Cierva!
Don Ser.—	Ese más que un profeta es un hombre del Renacimiento.

La Cierva, hay que recordar, era el ministro de la gobernación en 1909, el año de «la semana trágica» de Barcelona y en esa calidad hizo decisiones fundamentales para los sucesos de esos días. Fué también La Cierva quien firmó la disposición trascendental, para la España de 1909, que el 30 de abril promulgó el decreto sobre el derecho de huelga. La Cierva intervino muy activamente, en la defensa de la política que el gobierno de Maura, al que él pertenecía, había utilizado en Barcelona. Fue, pues, un hombre público íntimamente asociado con la política derechista de Maura. Pero existía también el Juan de La Cierva inventor, nada menos que del autogiro, y que en 1918 había cruzado el canal de la Mancha en el aparato de su invención, hecho comentado en los periódicos de todo el mundo. De ahí la referencia que nuestros «hurdanos» hacen de don Juan de la Cierva como «un hombre del Renacimiento.» Valle-Inclán, naturalmente, hace una burla feroz de su ignorancia, tanto en confundir al político con el inventor, como al desconocer la significación del epíteto utilizado. Continuemos el texto arriba citado:

Don Her.—	No es usted el primero que lo dice. Y a propósito, ¿qué entienden ustedes los intelectuales por hombre del Renacimiento?
Don Ser.—	Un tío bragado. /Se refiere, claro a la hazaña de haber volado en el nuevo aparato sobre el canal de la Mancha./
Don Her.—	Lo he buscado en la enciclopedia, y no viene.
Don Ser.—	¿Cómo lo ha buscado usted?
Don Her.—	De tres maneras. En hombre. ¡Y no viene! En Renacimiento. ¡Y no viene!
Don Ser.—	Está muy mal hecha la enciclopedia.

He hecho hincapié en este trasfondo histórico que me parece indispensable para comprender el proceso de la composición de este «esperpentillo» en el que encontramos, en su forma tal vez más pura, la estética de este género: Tenemos aquí un mosaico de datos históricos cuidadosamente reunidos y utilizados con ese estilo inconfundible que deforma en caricatura grotesca lo humano y lo ibérico y en el que lo grotesco actúa como elemento degradador de la historia oficial. Como en los otros *esperpentos* (hay que recordar la conducta deshonrosa de los tenientes que juzgan, en tribunal de honor, la conducta de Friolera; también el contraste que existe, al final de *La hija,* entre las razones que provocan el «pronunciamiento» y el lenguaje que se utiliza para llevarlo a cabo) Valle-Inclán establece una clarísima contradicción entre lo que expresan los personajes y su comportamiento. Aquí también, «¿Para cuándo son las reclamaciones diplomáticas?» nos sirve como ejemplo arquetípico del género esperpento. Basta citar el final en el que, después de la expresión de tan altos principios morales y patrióticos de parte de nuestros distinguidos «hurdanos,» el «primero» de éstos, Don Herculano, contesta el teléfono y al escuchar la voz al otro lado de la línea, se derrite y pregunta:

«¿Estás sola? ¿Te veré este noche? ¿Por qué me martirizas, cielito lindo?»

La técnica utilizada es la que ya hemos encontrado antes en los esperpentos: se infla el globo y luego se revienta con un alfiler.

En conclusión, me gustaría proponer un espectáculo de teatro «épico» que consistiría en una mezcla del documental que muestra la visita de Don Alfonso XIII a las Hurdes, seguido del «esperpentillo» de Don Ramón y terminando con «Tierra sin pan» de Buñuel, todo hilado por un narrador que destaque todos aquellos datos que resultaran oscuros para un público de hoy. Tal espectáculo *multi-media* ilustraría mejor que todo un libro, la verdadera naturaleza del género que Don Ramón María del Valle-Inclán bautizó con el nombre de *esperpento*.

NOTAS

1. *Cuadernos Hispanoamericanos* («Homenaje a Ramón del Valle-Inclán»), 67, 199-200 (Julio-Agosto, 1966), 521-29.
2. *Ramón del Valle-Inclán: La política, la cultura, el realismo y el pueblo* (Madrid: Comunicación /serie B/, 1972), págs. 380-85.
3. Vide, Cardona-Zahareas, *Visión del esperpento: Teoría y práctica en los esperpentos de Valle-Inclán* (Madrid: Castalia, 1970), págs. 196-198.
4. «España es una deformación grotesca de la civilización europea,» había declarado Valle-Inclán por medio de Max Estrella en *Luces de Bohemia*.
5. El director de cine Basilio Martín Patino le contó al autor de este trabajo que él posee una copia del documental que se filmó de este viaje del rey a las Hurdes. En una de las escenas se ve al rey, afeitándose fuera de su tienda de campaña; notando que algunos de los «monstruos» de las Hurdes (ver nota 6) le observan, empieza a hacer payasadas para divertirles. El documental, según este informe, es un pequeño esperpento.
6. El viaje del Rey a las Hurdes, acompañado del doctor Marañón, reveló unas condiciones de vida monstruosas donde los cruzamientos de individuos, debido al aislamiento absoluto en que habían vivido sus habitantes, y su alimentación pobre en proteínas, había creado lo que se conoció como «cretinos de las Hurdes,» un tipo humano. Estas condiciones aparecen sin cambio alguno en la película de Buñuel *Tierra sin Pan*, filmada en 1932, diez años después del viaje real.
7. Citado por Federico Bravo Morata, *De la semana trágica al Golpe de Estado* (Colección «España, España»), Vol. 8, págs. 174-76.

MANUEL DE LA REVILLA, CRITICO LITERARIO

CARLOS GARCIA BARRON
Universidad de California, Santa Barbara

Poco, muy poco, se ha escrito acerca de don Manuel de la Revilla y menos aún sobre su infatigable labor en calidad de crítico literario. Para algunos, «Revilla marca en cierta manera el tránsito entre los críticos de la generación del 68 y los de la Restauración.»[1] Resulta, pues, aconsejable trazar a grandes brochazos su breve biografía para comprender mejor al hombre cuyas opiniones habremos de exponer más adelante.

Manuel de la Revilla nace en Madrid en octubre de 1846.[2] Se forma en los años en que el romanticismo va despareciendo de la escena literaria española, revelando desde entonces un acusado interés por la filosofía. Con el pasar del tiempo adopta el krausismo[3] para pasar posteriormente a las filas de los neokantianos. Elige el magisterio como carrera ejerciendo dicha profesión desde 1868. Hace unas brillantes oposiciones y obtiene la cátedra de literatura general, así como española, en la Universidad Central en 1876. Expone su temprano pensamiento literario en *Principios generales de literatura e historia de la literatura española*[4], del que se llegarán a hacer tres ediciones. Liberal en su ideología política y muy influenciado por Salmerón y Sanz del Río, quiere armonizar los intereses tanto de los federales como de los unitarios según lo manifiesta en su esclarecedor ensayo, *Historia y defensa de la declaración de la prensa republicana.*[5] Su vocación literaria se vierte a lo largo de su constante colaboración en diversos periódicos y revistas como *El Amigo del Pueblo,* que funda él mismo; *El Imparcial; La Revista Contemporánea; La ilustración Española y Americana; La Crítica* y muchas otras. Su postura refleja una marcada independencia de criterio, alejándose de determinadas escuelas como la romántica y la positivista para poder así rendir juicios imparciales. Es, en opinión de Clarin, «...el primero que reconoció en Galdós al mejor novelista contemporáneo.»[6]

Hombre de inmensa vitalidad intelectual, Revilla despliega sus múltiples talentos en muchas esferas. Es orador de reconocida reputación en el Ateneo de Madrid y presidente de su sección de literatura en varias ocasiones. A su muerte el Ateneo recoge y publica parte de su obra con un largo prólogo de Antonio Cánovas del Castillo y un discurso de su intimo amigo Urbano González Serrano.[7] También destaca como poeta. En su libro, *Dudas* y *Tristezas*,[8] precedido de un polémico preámbulo de Ramón de Campoamor, el poeta nos desvela sus inquietudes metafisicas. Al teatro dedica algunos de sus más importantes escritos y reseñas llegando a preparar una adaptación de *El Condenado por desconfiado* que nunca llegó a representarse. Finalmente, cabe destacar su traducción de las obras de Descartes, la primera hecha por un español.

No es este es lugar de glosar su vida intima, difícil, por cierto, ni describir sus dolencias físicas y mentales que acabarán con su vida el 3 de septiembre de 1881. Revilla muere muy joven, a los 35 aos, privando a España de un excelente crítico literario e intelectual de primera clase. De su extensa crítica, hemos elegido para reproducir en estas páginas sus juicios sobre Cervantes y el *Quijote* por parecernos un representativo botón de muestra de su pensamiento literario. Publicados por primera vez en sendos largos ensayos en *La Ilustración Española y Americana* de 1875 y 1879 con el título de «La interpretación simbólica de Quijote» y «Cervantes y el Quijote,» recogidos en la edición que publica el Ateneo, constituyen, a nuestro parecer, un importante eslabón en la trayectoria de la crítica cervantina del siglo XIX. Mas antes de entrar en materia es conveniente precisar y puntualizar los principios literarios que guian en todo momento a Revilla.

Nuestro autor sostiene que «el arte es creación de formas,» o dicho de otra manera, «la forma crea el fondo.» Para él, fondo y forma no son elementos separables porque todo es forma y porque dichos elementos se presentan siempre estructurados. «No es el fondo de la obra un elemento simple, sino complejo, compuesto a su vez de otros elementos.» El primero de estos es el *fin* y el fin general de cualquier obra literaria es la realización de la belleza.» En este aserto de Revilla se comprueba claramente los resabios de su formación clásica. Prosigue para afirmar que pueden coexistir otros fines secundarios extraestéticos como el proponerse moralizar, inspirar ciertos sentimientos elevados, mostrar verdades, etc. El segundo principio de su estética literaria radica en la *idea*. «Por idea o pensamiento de la obra se entiende aquí el concepto que en ella domina y en ella se expresa, sea realmente un pensamiento, sea un sentimiento...» Para Revilla, este concepto de idea es *inconsciente* distinguiéndolo así de los fines particulares a que aludimos antes. La *idea* hay que vincularla estrechamente a un tercer elemento del fondo: el *asunto*. Revilla mantiene que «el asunto siempre envuelve la expresión de la idea.» A veces el asunto y la idea se identifican «por no ser la obra otra cosa que la simple expresión directa de aquélla» como acontece a veces con las composiciones líricas. El trasfondo filosófico de Revilla se manifiesta al declarar sobre este punto. «El hombre jamás sale de sí mismo. Encerrado enternamente dentro de su conciencia, nunca se comunica inmediatamente con lo exterior, ni directamente puede expresarlo en su obra...cualquiera que sea el asunto que el artista desarrolle, en toda obra literaria lo inmediatamente expresado somos nosotros mismos en nuestros estados de conciencia.»

Revilla procede a elaborar el tema de las formas: «Toda obra literaria es una serie de formas.» Estas pueden ser formas conceptivas, formas expositivas y, por último, formas expresivas o significativas. Las primeras son propias de la poesía; las segundas son necesarias porque «por medio de ellas se combinan y desarrollan las anteriores constituyendo la trama o contenido de la obra (diálogos, narración, descripciones, etc); las terceras son el lenguaje propiamente hablando. Es evidente que Revilla incurre en este caso en una obvia confusión ya que la línea divisoria entre las formas expositivas y las expresivas es practicamente inexistente.

Resumiendo: la interpretación de la obra literaria viene condicionada por tres factores: a) el subconsciente del autor al cual se debe, según él, «más que a la reflexión discursiva, los hechos más nobles de la vida y las más bellas y grandiosas creaciones del arte;» en segundo lugar, la obra viene determinada por la forma, eje clave el cual posibilitaría un espacio a ser llenado por el lector. Finalmente, surge el marco histórico en que se manifiestan determinados valores, ideales y experiencias.

Teniendo en cuenta el ideario expuesto, pasemos a ver cómo lo aplica a su análisis del *Quijote*.

En sus dos ensayos sobre Cervantes y el *Quijote,* Revilla afirma que en realidad hay dos Quijotes, uno histórico y el otro eterno, aserto, por otra parte, muy decimonónico. Al primero pertenece, por ejemplo, el propósito de Cervantes de ridiculizar los libros de Caballerías; al segundo, esa idea filosófica de la que el autor *no* fue consciente pero que su inconsciente—la dimensión profunda de su genio—le dictó. Los fines secundarios serían, pues, históricos y nos mostrarían al autor situado en su circunstancia concreta, con sus problemas y contradicciones. La idea, en cambio, revelaría ese aspecto, según Revilla, eterno de la naturaleza humana.

En su artículo, «La interpretación simbólica del *Quijote,* Revilla critica, por un lado, a los que desconociendo los valores fundamentales de la forma no ven en ella sino la pura letra, un objeto inequívoco y desprovisto de ambigüedad. Esta es la interpretación literal de las obras. Pero, por otro lado, encontramos la postura opuesta, la que ve en la obra un complejo de secretos a descifrar, uno o unos sentidos ocultos que el crítico debe poner en claro. Aquí sería la forma lo olvidado, dejando de actuar como control de la interpretación de la obra. Cervantes, dice Revilla, se asombraría de ver que «hay quien cree que es fuerza prescindir de la letra de su libro y fijarse en su espíritu, que es la contradicción de aquélla; que no es su obra la sátira del idealismo, sino su apoteosis, y que su ironía encierra una protesta contra la realidad que pone obstáculos al ideal.»[9]

Para Revilla existe, sí, un sentido simbólico, pero éste no es «sino una consecuencia lógica de la forma en que está desarrollada su concepción.» Vemos, pues, que Revilla entiende la obra como una estructura de formas todas ellas esenciales. Tratando de sintetizar y sistematizar sus opiniones sobre la forma, procede a declarar:

> No fue, pues, la grandeza del resultado obtenido producto del fin y del propósito del autor, sino consecuencia fatal y necesaria del modo de desarrollar el pensamiento. Puede decirse por tanto que la forma creó el fondo en la novela de Cervantes.[10]

Esta concepción de la forma virtualmente polivalente, explica la diversidad de interpretaciones que a lo largo de la historia se pueden dar de una obra literaria. No olvidemos en este contexto que en tiempos modernos críticos como Roland Barthes nos señalan que esta posibilidad se basa en la ambigüedad que posee toda obra, ambigüedad que permite la diversidad y multiplicidad de lecturas. Revilla nos dirá en este sentido que para adivinar en el

Quijote «el sentido simbólico que se le atribuye, ha sido preciso que llegue una época en que no existe un ideal aceptado por todos los hombres, en que el idealismo y el positivismo traben reñida batalla en todas las esferas de la vida. Esta época ha visto, agrega Revilla, en el *Quijote* lo que ella lleva dentro de sí misma, y no ha tenido en cuenta que la que cree descubrir en la inmortal novela no podía ocurrírsele a nadie en los tiempos de Cervantes...»[11]

Revilla reitera una y otra vez que no hay que buscar en el *Quijote* un sentido oculto y trascendente. «La supuesta filosofía de Cervantes no es una concepción metafísica de la oposición entre lo ideal y lo real, sino simplemente la filosofía del sentido común, que reconoce todo lo que hay de ridículo e insensato en la absurda empresa de querer realizar en el siglo XVI el ideal caballeresco y todo lo que hay de vano e infundado en ensueños e ilusiones que se desvanecen al contacto de la realidad. Si de esta concepción clara y sencilla se desprende luego una vasta síntesis metafísica en que se personifica la vida entera de la humanidad, no se deduce que así lo pensara o quisiera Cervantes, sino que así resultó, sin él saberlo, y, sobre todo, que esto hallaron los hombres en su libro cuando lo examinaron a la luz de principios más altos que los que imperaban en su tiempo.»[12]

Finalmente, y a título de resumen, valgan estas palabras del propio Revilla para aclarar su concepción del *Quijote:*

> Pero ni Sancho es el positivismo, ni el idealismo D. Quijote. Sancho es simplemente el buen sentido vulgar, sin idea ni elevación de ningún género, acompañado del cálculo egoísta y utilitario; y D. Quijote el idealismo falso, imposible y anacrónico que se identifica con la locura. La realidad dista del uno como del otro, y ambos se estrellan al tocarla, resultando por ende tan censurable y ridículo Sancho como D. Quijote y sin resolver la oposición entre ambos. No es, pues, la oposición entre lo ideal y lo real lo que aparece en el *Quijote,* sino la vanidad, ridiculez e impotencia del falso idealismo y del positivismo grosero e incompleto. La necesidad de aunar lo ideal con lo real, de reducir el primero a sus límites razonables y posibles y encarnar en el segundo lo que hay de necesario y legítimo en la idea, es lo que resulta de la obra. Pero la fórmula y personificación de este propósito no la presentó Cervantes, porque nada

había más lejos de su ánimo que esta concepción. La figura de Sancho no fue ciertamente forjada para oponerla en un sentido metafísico a la de D. Quijote sino para producir, mediante el contraste, el efecto cómico y presentar como en la realidad se ofrece, el extremo contrario, no menos censurable.[13]

Para valorar debidamente el alcance de estas opiniones de Revilla, es necesario situar sus juicios dentro del marco más amplio de la crítica cervantina de sus contemporáneos. Declara al respecto J.B. Avalle-Arce:

En el siglo XIX, a partir del Romanticismo, tuvo gran auge la crítica biográfica, o sea, la interpretación de la obra literaria como una biografía esencial, en la que el autor engarza sus experiencias en forma más o menos disfrazada. Con la llegada del positivismo, esto se vigoriza en método: un inteligente, o al menos minucioso estudio de la vida del autor y su carácter revelará los secretos de la obra literaria, que en muchas ocasiones no se ve así reducida a una nueva trasposición de lo acontecido.[14]

Los excesos que se cometen con el *Quijote* en el siglo XIX llevarán, por ejemplo, a Juan Eugenio Harzenbusch a imprimir su edición de 1863-1864 en la casa de Medrano de Argamesilla de Alba porque pensaba que allí fue donde Cervantes había engendrado su inigualable personaje.[15]

Otro ilustre hombre de letras de ese mismo siglo, D. Bartolomé José Gallardo, se haría eco del sentir romántico al manifestar sobre el *Quijote* que era «un libro que arguye, en quien lo escribió, un caudal de lectura y erudición románticas que asombra, por eso gusta a quien más sabe de nuestra romancería y libros caballerescos, a que hace continuas y finas alusiones, cuya gracia picante no puede sentir quien no está en antecedentes.»[16]

Revilla habrá de criticar ciertos aspectos de la obra de su coetáneo, D. Nicolás Díaz de Benjumea, *La verdad sobre el Quijote. Novísima historia de crítica de la vida de Cervantes,* haciendo patente su erudición cervantina al objetar a muchas de las conclusiones del autor si bien elogia y concuerda con muchas de sus afirmaciones.

Expuestas sus agudas opiniones sobre Cervantes y el *Quijote,* nos centraremos a continuación en lo que cuantivamente constituye la máxima preocupación de Revilla. A lo largo de más de cien artículos dedicados exclusivamente al teatro español, Revilla fulmina contra la decadencia de este género en España y propone una serie de medidas encaminadas a mejorar su calidad. En uno de sus primeros artículos sobre el tema declara enfaticamente,

> El teatro español atraviesa un período de indudable decadencia. Apartados de la escena los escritores más insignes, arrebatados otros por la muerte, falta de dirección y de norte la poesía dramática, escasos en número los buenos actores, nuestro teatro se halla en lamentable estado de postración y abatimiento.[17]

Más adelante compara el momento actual con aquel período que sigue la desaparición de Calderón, caracterizado por la mediocridad y la mala imitación. Igualmente se lamenta de que no se haya seguido el modelo de Ventura de la Vega y Bretón de los Herreros en la comedia de costumbre; ni Ayala y Tamayo en el drama de costumbres a la vez que recuerda con admiración las obras de Hartzenbush y García Gutiérrez. Revilla opina que el teatro español carece de ideal y de normas y se queja de que los dramaturgos se esmeren únicamente en producir «efecto, cueste lo que cueste.» Fiel a su ideario literario, esencialmente ecléctico, Revilla manifiesta este afán de síntesis con estas palabras,

> Pensamos que la obra dramática alcanza mayor valía cuando a la vez se dirige a todas las fuerzas del espíritu e interesa por igual a la razón, al sentimiento, a la fantasía y a la voluntad...[18]

Y no es que despreciara el romanticismo pues pese a «lo exagerado y falso y a que atropellaba con sigular osadía los fueros de la verdad, algo había allí de grandioso e inusitado que despertaba en el alma profunda emoción.»[19] El hombre serio y grave que es Revilla no tolera la mayoría de las obras que se representan a la sazón carentes de profundidad. Le repele, sobre todo, la exageración declarando al respecto,

Al teatro romántico hay que despojarlo de toda exageración; hay que darle pensamiento, ideal y trascendencia; hay que reconciliarlo con la realidad y divorciarle del idealismo exagerado; hay que fiar menos en el efecto y en la situación y más en la pintura de los caracteres y de las pasiones; hay que purgarlo del lirismo y sustituir las vacías sonoridades del verso con la alteza del pensamiento.[20]

En este mismo largo artículo, y uno de sus mejores, Revilla confiesa abiertamente su sentir,

> No somos amigos del realismo traspirenaico. Creemos que el teatro debe ser realista, en el sentido de que ha de inspirarse en la fuente viva de la realidad: de que no ha de ser una construcción subjetiva y *a priori* sino objetivo-subjetiva, *a posteriori* y *a priori* a la vez, es decir, libre interpretación de la realidad embellecida con arreglo a idea; de que ha de ser reflejo exacto de la naturaleza humana, en sus caracteres, afectos, ideales y pasiones, y retrato de la sociedad en que se manifiesta y sobre la cual aspira a influir; de que ha de respetar la verdad y la verosimilitud y buscar todos los recursos dentro de lo natural y lo humano y solamente en esto; de que ha de apartarse de la hinchazón lírica, del convencionalismo y de la rutina; pero no entendemos que todo lo real sea representable en las tablas, ni que la realidad haya de ser nimiamente fotografiada por el poeta, ni que a la pintura rica y coloreada de la vida haya de sustituir una fría e impasible anatomía y al lenguaje poético haya de reemplazar la más vulgar y rastrera prosa. Rechazamos como anti-artísticas las reproducciones exactas y detalladas de la hediodences y miseria más bajas de la sociedad, erigidas en único objetivo del arte dramático; no queremos sustituir la pasión con la enfermedad, el afecto con la sensación, el cuadro dramático con el fenómeno morboso, ni excluir del teatro el culto del bien, de la moralidad y del poder.[21]

Fijada su postura, Revilla concluye el artículo poniendo de relieve una vez más su actitud ecléctica:

...es menester fundir en una formula comprensiva los elementos legítimos y provechosos del romanticismo y del realismo y para hacer todo esto se necesita que los autores aspiren menos al efecto y cuiden más de tener pensamiento e idea; que los actores se encierren en su propia esfera y no impongan sus aficiones al público y que éste depure su gusto y tenga en cuenta que al teatro no se va a reir ni a divertirse solamente, sino a purificar el alma en la serena contemplación de la belleza.[22]

En los años que siguen a la publicación de este importante ensayo (1875), Revilla no cesar de fustigar la mediocridad que cunde en la escena española. Tanto actores como dramaturgos y el mismo público son blanco de su crítica. El problema es de tal envergadura que le lleva a recomendar que el gobierno tome cartas en el asunto. En enero de 1876 publica en *El Globo* un artículo cuyo título lo dice casi todo, «La decadencia de la escena española y el deber del gobierno.» En él, Revilla proclama la necesidad de que el gobierno intervenga oficialmente con el fin de mejorar las cosas. Para ello nuestro crítico recomienda una serie de medidas encaminadas a garantizar «la condición de equidad a la competencia establecida entre empresas, a velar por los intereses del arte y a mirar por el respeto debido a la moral pública.»[23] Huelga decir que sus consejos no son unánimemente bien acogidos. Los empresarios, en particular, se oponen a cualquier intento de intromisión gubernamental entablándose una fuerte polémica que recogen los periódicos de aquellos meses.

No todo es sombrío en el panorama teatral español. Esporádicamente se representan obras que merecen el elogio de Revilla como, por ejemplo, la obra *Consuelo* de Ayala. En el artículo que le dedica al poco de estrenarse, Revilla vuelve a enumerar los principios básicos que rigen su ideario, «Por eso nosotros, que hace tanto tiempo sostenemos ruda campaña en pro de los fueros de la razón, de la belleza y del gusto....»[24] en esta obra Revilla encuentra muchas de las cualidades ausentes en la inmensa mayoría de las producciones teatrales de aquel entonces. He aquí sus elogios:

...por fin, la visión magnífica del genio luminoso, alimentado por la eterna fuente de toda inspiración verdadera; la realidad viva y palpitante realzada por los en-cantos de la forma bella; a la crispatura de los nervios, torturados por el horror y el espanto, a la sublevación de la sensibilidad y de la conciencia heridas en lo vivo por la desmelenada musa romántica; a la protesta del sentido estético y del buen gusto ultrajados por la aberración del genio, ha sustituido aquella inefable y purísima emoción que en el alma despierta la contemplación de aquella inmortal belleza, fuente exquisita del arte verdadero, que por largo tiempo se había apartado de nosotros.[25]

Para documentar la importancia que Revilla atribuye a la forma, según se señaló al principio de este artículo, veamos que declara al respecto al referirse a *Consuelo:* «La forma, que es el secreto del arte, ostenta allí todas las galas que de consuno le prestan la rica fantasía y el exquisito gusto del poeta y las excelencias de la lengua castellana....»[26] No deja de ser significativo que el último artículo que publica en vida, dos meses antes morir, fuese, como tantos otros, dedicado al teatro. En él vuelve a la carga insistiendo en la necesidad de revitalizar el teatro español de acuerdo con las normas enumeradas en sus escritos.[27] Mas la triste realidad es que sus palabras no hicieron mucha mella.

En suma: Manuel de la Revilla, cuyas valiosas opiniones sobre la novela y la poesía no hemos podido exponer en este estudio fue uno de los mejores críticos literarios de su época cuya aportación pondremos de relieve en un futuro no muy lejano. Mientras tanto valgan estas palabras de Francisco de Asis Pacheco quien, al enjuiciar la totalidad de la crítica de Revilla declara que «...sobre todo, la cualidad predominante de la crítica de Revilla, cualidad a que debió que sus juicios influyeran más que la de otro alguno en el gusto público, consiste en que Revilla era un crítico que frecuentemente se inspiraba en lo que llamamos el sentido común.»[28]

NOTAS

1. Sergio Beser, *Leopoldo Alas, crítico literario* (Madrid: Gredos, 1968), pág. 53.
2. Manuel Ossorio y Bernard, *Ensayo de un catálogo de periodistas del siglo XIX* (Madrid: Imprenta y litografía de J. Palacios, 1903), pág. 375.
3. Véase el libro del profesor Juan López-Morillas, *El Krausismo español* (México: Fondo de Cultura Económica, 1979). Del mismo autor es otra obra imprescindible para este período, *Krausismo, estética y literatura. Antología* (Madrid: Editorial Labor, 1975). Otro libro igualmente importante es el del profesor Elías Díaz, *La filosofía social del krausismo español* (Madrid: Cuadernos para el diálogo, 1973).
4. Manuel de la Revilla, *Principios generales de literatura e historia de la literatura española* (Madrid: Imprenta de Francisco Saavedra, 1884). La primera edición es de 1872.
5. *Ibíd., Historia y defensa de las declaraciones de la prensa republicana* (Madrid: Imprenta de la Discusión, 1870).
6. Leopoldo Alas, *Sermón perdido* (Madrid: Librería de Fernando Fé, s.f.). Pág. 137.
7. *Obras de Don Manuel de la Revilla*. (Madrid: Imprenta de Víctor Saiz, 1883).
8. Manuel de la Revilla, *Dudas y tristezas* (Madrid: Imprenta de Medina y Moreno, 1875).
9. Las citas que se hacen de Revilla proceden de su libro, *Principios..., op. cit.* págs. 168-79.
10. *Ibíd.*, «De algunas opiniones nuevas sobre Cervantes y el *Quijote*» en *Obras de Don Manuel de la Revilla*, pág. 419.
11. *Ibíd.*, «La interpretación simbólica del *Quijote*», pág. 384.
12. *Ibíd.*, págs. 376-77.
13. *Ibíd.*, pág. 424.
14. J. B. Avalle-Arce, *Nuevos deslindes cervantinos* (Barcelona: Ariel, 1975), pág. 227.
15. Martín de Riquer, *Aproximaciones al Quijote* (Barcelona: Editorial Teide, S.A., 1966), pág. 215.
16. Gregorio B. Palacín Iglesias, *El Quijote en la literatura universal* (Madrid: Ediciones Leira, 1965), pág. 21.
17. «Del estado actual del teatro español,» *La Ilustración Española y Americana* (12 de diciembre de 1875), pág. 402.
18. *Ibíd.*, pág. 403.
19. *Ibíd.*, pág. 404.
20. *Ibíd.*, pág. 405.
21. *Ibíd.*, pág. 406.

22. *Ibíd.*, pág. 406.
23. «La decadencia de la escena española y el deber del gobierno,» *El Globo* (24 de enero de 1876), pág. 90.
24. «Revista crítica,» *Revista Contemporánea,* 14 (marzo-abril de 1878), 365.
25. *Ibíd.*, pág. 365.
26. *Ibíd.*, pág. 367.
27. «Revista crítica,» *Revista Hispano-Americana* (16 de julio de 1881), pág. 280.
28. «Necrología de D. Manuel de la Revilla,» *Revista Hispano-Americana* (1 de octubre de 1881), pág. 435.

GALDOS Y LA REAPARICION DE PERSONAJES: LAS PORREÑO, GARROTE Y COLETILLA

JOAQUIN GIMENO CASALDUERO
University of California, Los Angeles

No sólo utiliza Galdós la reaparición de personajes; cambia a veces también lo que de su vida nos había referido. Voy a ocuparme ahora especialmente de la reaparición de algunos caracteres que se presentan por primera vez en *La Fontana:* de las Porreño y del odioso Coletilla.

Doña María de la Paz Porreño y sus dos sobrinas—doña Salomé y doña Paulita—constituyen en *La Fontana de Oro,* según palabras de Galdós, una «trinidad,» un «triángulo equilátero,» que al dibujarse primero—añadimos nosotros—, al irse separando más tarde y al romperse por último, ayuda al argumento de la obra. En 1822, las tres damas, que pertenecen a una ilustre y conservadora famila venida a menos, viven en Madrid, sumidas en una pobreza difícil y humillante. Deciden, por eso, en busca de entradas económicas, alojar en su casa a un antiguo sirviente—Elías Orejón, por sobrenombre Coletilla—que, conservador también, se dedica ahora a conspirar contra el gobierno de los liberales, bajo las ordenes directas de Fernando VII. Como con Elías vive Clara, huérfana a quien de niña había recogido, y como, por otra parte, Lázaro, sobrino liberal de Coletilla, acaba de llegar del pueblecito aragonés de Ateca, pasan todos—Coletilla, Lázaro y Clara—a vivir con las tres señoras. En casa de éstas se desarrolla el drama. Las Porreño, defensoras acérrimas del antiguo régimen y enemigas de todo lo nuevo, recluyen y torturan a la pobre huérfana—de la cual, dicho sea de paso, está enamorado Lázaro, siendo por ella correspondido—. El joven, entre tanto, interviene en mítines políticos, es aprisionado y libertado, y se convierte, sin saberlo, en instrumento de las acciones perversas de su tío. Cuando comprende, por fin, lo que sucede, puede neutralizar aún el golpe que contra los liberales aquél había preparado.

Mientras tienen lugar estos sucesos, doña Paulita, la menor de las Porreño, que vive entregada al misticismo, se enamora del sobrino de Coletilla. Tras un terrible proceso psicológico, mediante el cual descubre el vacío de su existencia, confiesa su pasión a Lázaro y le propone la huida. Le ofrece además unas monedas de oro que, ocultas en un mueble antiguo, había descubierto. El joven la rechaza y rehusa su dinero; doña Paulita se desvanece y las monedas caen y se desparraman. Entran entonces las otras dos Porreño que se abalanzan sobre el tesoro y que luchan entre sí para apresarlo. Salomé, más ligera, se apodera de la mayor parte, y huye sin que se vuelva a saber de ella. Lázaro abandona a las otras dos mujeres y, tras buscar a Clara, escapa de Coletilla. Según uno de los desenlaces—porque las ediciones de *La Fontana* presentan dos desenlaces distintos—,[1] los amantes se refugian en Ateca y viven desde entonces con mucha felicidad y con muchos hijos. Según el otro, sin embargo, Lázaro es asesinado por Coletilla, y Clara muere poco después consumida por el dolor que le produce la tragedia. Se nos dice al final que también mueren doña Paulita y Coletilla: éste a manos de Fernando VII; aquélla, a causa de uno de sus raptos místicos. Se habla aún de las otras dos Porreño: no hay noticias de doña Salomé; pero se sabe que doña Paz se trasladó a Segovia en donde «tenía una casa de huéspedes» (IV, 190).[2]

LAS PORREÑO

Las Porreño, pues, constituyen un triángulo que, como ya hemos indicado y hemos visto, al dibujarse primero, al irse quebrantando luego poco a poco y al romperse por último del todo ayuda al argumento. Por otra parte, y como Galdós advierte y como nosotros en otro lugar hemos mostrado,[3] tiene el triángulo una función significativa y a través de ella se explica el sentido de la obra. Es decir, resume y acentúa lo que las tres mujeres representan: su espíritu reaccionario. En ese espíritu reaccionario precisamente es en donde las Porreño coinciden y se identifican: «La unidad de aquella trinidad era un misterio. En los momentos normales de la vida las tres no eran más que una: lo antiguo manifestado en un triángulo equilátero; el hastío representado en tres modos distintos, pero uno en esencia» (IV, 79). El mundo que sostiene a las Porreño es, por eso, un mundo anclado en el pasado, sin posibilidad ninguna de ir hacia adelante, de renovar o de crear algo distinto y nuevo. De ahí que cobren también los objetos que las rodean un valor significativo: «Estaba en la sala un reloj...pero este reloj...estaba parado y marcaba las doce de la noche del 31 de diciembre de 1800, último año de siglo pasado, en que se paró para no volver a andar más, lo cual no dejaba de ser significativo en semejante casa» (IV, 74).[4] Esa inmovilidad que sujeta en el pasado, además de facilitar la función significativa de las tres damas, permite a Galdós crear el ambiente físico-espiritual que condiciona su conducta. Así se explica el hastío que las caracteriza: «La alegría, el dolor, las alteraciones de la pasión y del sentimiento no se conocían en aquella región del fastidio» (IV, 79). Y como consecuencia de la inmovilidad y del hastío aparece la crueldad que también las caracteriza y que explica la historia contemporánea: en otras palabras, vemos a través de ellas, como el pasado, que es muerte, odia la vida e intenta con su crueldad destruirla y acabarla.[5]

Se puede afirmar, por lo tanto, que las Porreño tienen sentido constituyendo un todo; tienen sentido como triángulo equilátero, de acuerdo con la terminología galdosiana. Y podemos añadir después de nuestro examen que Galdós, por razones novelísticas, supedita el significado de las Porreño al argumento de la obra. Es decir, al separar a las tres damas crea una tensión muy grande, un extraordinario dramatismo que da sin duda su fuerza a la novela. Y usa para separarlas recursos que han de caracterizarle luego como observador destacado de temperamentos, y que en realidad le distinguen ya desde el principio. Crea Galdós con las Porreño tres seres humanos, cuya separación se explica por su individualidad y por sus diferencias. De ahí precisamente la necesidad de que lo que era uno de los grandes aciertos de la obra no destruyera su significado. Por eso que la ruptura del triángulo equilátero se cargue inmediatamente de sentido y que de nueva forma ilumine la novela. Las fuerzas del pasado—nos dice esa ruptura—, las fuerzas reaccionarias, llevan dentro de sí la destrucción, la discordia y la locura. No es de extrañar entonces que a través de la discordia, de la destrucción y de la locura se aparten las Porreño.

Sin embargo, repetimos, la separación de las tres mujeres crea una situación perturbadora. Creemos que es ello lo que explica el que Galdós al ocuparse del período que sigue al tratado en *La Fon-*

tana reúna de nuevo a las dos Porreño que habían sobrevivido el trágico fin de la novela: a Salomé y a María de la Paz Jesús. Es decir, a las dos que ferozmente chocaron y se agredieron. Recordemos la impresionante escena:

> Paz, de rodillas, recogía monedas; Salomé, de rodillas, recogía también....Las dos harpías...eran como bestias feroces.... Paz vio a Salomé cerca de sí. Alzo...la mano contra la cara de su sobrina, dándole un bofetón tan fuerte, que ésta cayó al suelo.... Pero [Salomé] se irguió sobre sus piernas, vació en el bolsillo las monedas...se retiró un poco...y se abalanzó hacia su tía.... Clavó las uñas con frenesí en las carnosas mejillas y tiró después, dejando ocho surcos sangrientos.... Apretándose el bolsillo...huyó (IV, 187).

Es curioso, por lo tanto, el que la reaparición de las Porreño en *Un faccioso más y algunos frailes menos* haga la impresión de que la tía y la sobrina nunca se hubieran separado: viven en la misma casa, y se alude al período anterior como si nada hubiera sucedido; con la excepción, eso sí, de la muerte de Paulita.[6] Lo que intentamos establecer ahora es que Galdós al principio de *Un faccioso más* siente la necesidad de construir otra vez—y lo construye—aquel triángulo que había iluminado el sentido de la obra al resumir lo que de inerte y de mortífero ocultaba el pasado. Tropieza Galdós, sin embargo, con la dificultad de que por la muerte de la menor de las Porreño falta uno de los tres lados a su triángulo equilátero. Necesita, pues, un elemento que, sustituyendo a Paulita y encarnando a la vez sus cualidades, sostenga el geométrico dibujo. Galdós lo encuentra pronto: no sólo encarna éste las características de aquélla, sino que incorpora además motivos propios del período que se analiza: un faccioso partidario de don Carlos, pero brutal y militante, sustituye a la beata; un loco—cuya locura lleva, en vez de a Dios, al servicio de don Carlos—, reemplaza a la histérica vidente. Carlos también se llama el personaje; y, además, Carlos Navarro, para acentuar hasta el máximo su carlismo. Por apodo, Garrote: subrayando entonces la crueldad que le caracteriza. Crueldad que conocemos, pues se trata de un personaje que va reapareciendo desde el principio de la segunda serie de los *Episodios Nacionales*.

Galdós para relacionar al faccioso con las dos mujeres utiliza un medio que el argumento anterior le deparaba. Ahora, como en *La Fontana de Oro* están sin dinero las Porreño, y para sobrevivir hospedan a Garrote, como antes hicieron con el perverso Coletilla. A pesar de las diferencias entre Navarro y las mujeres, éstas y aquél se identifican: «La armonía entre el huésped y las damas *[era]* tan perfecta que los tres parecían hermanos» (II, 225). Es decir, señala Galdós la identificación que convierte al grupo en un triángulo significativo. Se recuerda así lo que de las Porreño se había dicho en *La Fontana:* «La más inalterable armonía reinaba aparentemente entre ellas....Las tres no eran más que una: lo antiguo manifestado en un triángulo equilátero» (IV, 78-79). Inmediatamente, por otra parte, relaciona Galdós a Garrote con doña Paulita haciendo tomar a éste el lugar de aquélla: «Navarro moraba en la misma habitación ocupada algunos años antes por una mujer que murió en olor de santidad» (II, 226).

Conviene observar ahora las descripciones que presentan a los personajes y a sus circunstancias, ya que a través de ellas naturalmente se nos va a dar lo que la nueva tríada significa. Paz nos introduce en una vejez deteriorada («En la época en que nuevamente la encontramos, doña María de la Paz se acercaba velozmente a una vejez apoplética, marchando a ella con los pies gotosos, la cabeza temblona,» II, 225); Salomé nos lleva a la muerte misma («Doña María Salomé estaba...momificada.... A su lado...todo impregnado de un cierto olor de tumba,» II, 225-226). Las dos mujeres representan el pasado muerto que, fosilizando a España, la inmoviliza y mata poco a poco. De ahí que en su morada, que continúa como siempre («Uno de los mejores museos de fósiles que por entonces existían en España,» II, 225), las novedades no sirven más que para acentuar su carácter de tumba: «Lo nuevo...consistía en sillas de paja, cortinas de percal, ruedos de estera de colores; pero alegraba la casa.... Por tal manera, aquella imagen cadavérica de los pasados siglos se reía en su tumba» (II, 225).

Lo mismo sucede con Garrote; el cual, a pesar de su movilidad de guerrillero, se describe inmóvil y muerto, aunque mostrando las características fisiológicas que explican su locura: «Sumergido en un sillón...la cabeza inclinada sobre el pecho, y tan inmóvil que parecía dormido o muerto.... Era su rostro moreno tirando a verde, a causa de la palidez, así como el blanco de los ojos no era blanco, sino amarillo» (II, 227). Y es que Galdós, aficionado siempre al estudio del temperamento y del medio ambiente, no puede dejar de analizar los de Navarro: «La enfermedad de usted...es un abatimiento producido por la acumulación biliosa, cuyo origen hemos de buscar en la trabajosa vida de usted y en los disgustos domésticos que han acibarado su alma» (II, 228). Del temperamento bilioso, pues, perturbado además por los disgustos familiares y por la trabajosa vida, viene la locura de Garrote; locura siempre presente, pero que se va acentuando paso a paso, hasta el punto que es ella la que al fin de su carrera le libra del patíbulo: «Declinó más por la pendiente de la locura, y tales disparates hizo que el Virrey le absolvió...del patíbulo» (II, 291).

Así trabaja Galdos: convierte a los personajes en individuos a través de su temperamento y de su ambiente, y entonces los proyecta en el mapa de su tiempo para iluminar de esa manera la historia contemporánea. Vemos en la momificación de las señoras la momificación de España; su muerte, por lo tanto. Por eso también en la locura de Garrote vemos la locura de los carlistas y de su flamante soberano. Magistralmente dispone Galdós sus elementos: muerto Fernando VII y recien llegado a Navarra el nuevo rey de los facciosos, se hospeda éste en una casa de Elizondo. En el primer piso, oprimido por sus jaquecas, se acuesta el monarca; en el piso bajo devorado por la fiebre y la locura y acompañado de su hermano (Salvador Monsalud), agoniza Carlos Navarro. Vemos llegar a Zumalacárregui y asistimos a su lúgubre visita al soberano; lúgubre porque la oscuridad que les rodea parece amenazar a España: «Zumalacárregui entró en el cuarto obscuro.... Las dos luces, a pesar de aumentar la claridad, hacían más lúgubre el desmantelado recinto. El Rey y el General hablaron. En tanto, dos hombres...en un apartado...cuarto....entretenían el insomnio charlando.... —¿Quién anda por ahí...? —No es cosa que deba desvelarte.... Esta noche duerme en casa...un desgraciado loco.... Ha dado en creer y sostener que es Rey de España» (II, 301).

De alguna forma, pues, coinciden los dos Carlos. La locura del uno se transmite al otro; porque, como hemos advertido, la de Garrote representa la del monarca. Pero además, como esa lúgubre oscuridad que rodea al soberano, su locura y la del guerrillero es la característica esencial del ambiente de entonces; ambiente que incluye y determina a España. Por eso, su locura que acaba de devorar a la mitad del reino puede fácilmente devorar a la mitad que falta:

Aquella misma tarde partió Salvador de Elizondo,

deseando huir de un país que le infundía repugnancia y miedo, a causa de las muchas locuras que en él había visto; y así como el que visita una casa de orates se siente tocado de enajenación y con cierto misterioso impulso de imitar los disparates que ve, sentía Monsalud en sí cierta levadura recóndita de demencia, por lo cual se echó fuera a toda prisa. Un hombre que se cree Zumalacárregui; un Zumalacárregui auténtico que sacrifica su genio y su dignidad militar a ambicioso príncipe, sin más talento que su soberbia ni más idea que su ambición; un país que abandona en masa hogares, trabajo, campo y familia para conquistar una soberanía que no es la suya y una corona que no ha de aumentar sus derechos; ríos de sangre derramados diariamente entre hombres de una misma raza; clérigos que esgrimen espadas; moribundos que se confiesan con capitanes; villas pobladas por mujeres y chiquillos; cerros erizados de frailes y poblados de soldados feroces, que deliran con la matanza y el pillaje, son incongruencias que repetidas y condensadas en un sólo día y lugar pueden hacer perder el juicio a la mejor templada cabeza, y hacer dudar de que habitamos un país cristiano y de que el rey de la civilización es el hombre. Así lo pensaba Salvador, huyendo de Elizondo y de Navarra, como el que huye de una epidemia (II, 305).

Se puede, por lo tanto, sostener que existe en relación con las tres figuras que hemos estudiado un retroceso respecto a sus apariciones anteriores. Es cierto que las damas continúan como antes; sin embargo, el paso del tiempo y la miseria las retrotrae a fechas muy lejanas. Salomé, por ejemplo, con sus ropas, sostiene lo que venimos afirmando: «Llevaba...una dulleta, en cuyo adorno habían entrado pieles de diversos animales domésticos, hábilmente combinadas con galones que siglos antes lucieron en la túnica de algún santo o en el valiente pecho de algún oficial» (II, 234). De manera parecida han retrocedido las ideas de las damas: ellas, que años antes apoyaban el trono de Fernando, ahora desde una posición mucho más extrema rechazan los derechos de la futura Isabel II («¡Qué estupidez! Pretender que esta nación heroica sea gobernada por una Reina en mantillas,» II, 234) y consideran sólo legítimo el trono que ha de ser del rey don Carlos («Todo está preparado para el triunfo de la Monarquía verdadera y legítima,» II, 237). Hasta tal punto esto es así que en su casa conspiran los carlistas; y en uno de los casos llega a intervenir la policía: «No habría sucedido nada si todos los señores congregados en casa de las de Porreño hubieran procedido con la discreción que se acostumbraba en tales reuniones ilícitas» (II, 265).

Lo mismo, con más razón, puede afirmarse de Garrote. Militar que lucha por Fernando VII en innumerables ocasiones; aparece, ya desde algunos *Episodios* antes, luchando por don Carlos. El, que a tantos liberales había encarcelado y destruido, es ahora perseguido y aprisionado, y al fin, sólo por su locura, salvado del patíbulo.

COLETILLA

Algo semejante sucede con Coletilla, el sicario fernandino que tan perversamente se comporta en *La Fontana*. En realidad allí se identifica con Fernando de tal forma que Galdós puede compararle con un perro y a Fernando con su amo: «Estaba [Fernando VII] con Coletilla, su perro favorito. Sentados...el uno frente al otro, tenían delante unos papeles, que, sin duda, eran cosa importante por la atención con que los leían y anotaban.... Fernando se permitía algunas agudezas.... Coletilla, que no acostumbraba reírse, reía también, por considerar desacato no reproducir en su fisonomía complaciente y esclava todas las alteraciones de la regia faz de su amo» (IV, 176). Cuando en el desenlace de la obra se alude a la posible muerte de Coletilla, atribuyéndola a la crueldad e ingratitud de Fernando, se vuelve de manera implícita a la comparación del perro:

> Parece que aquel hombre excéntrico recibió el más horrible castigo que, dado su carácter, podría recibir. El Rey le despreció después del triunfo de 1824.... Fernando, entre cuyos vicios descollaba la ingratitud, mandó...apalear a Coletilla.... Así pagan los tiranuelos. Después de este lance, el fanático se puso malo. Dijeron algunos que se había dejado morir de hambre; otros que se había vuelto loco; otros, y esto parece lo más cierto,

que le mató una profunda hipocondría (IV, 190).
Parece, pues, que murió Coletilla. No murió, sin embargo. Le vemos tornar en *Los apostólicos* y después en *Un faccioso más y algunos frailes menos.*[7] En *Los apostólicos* aparece conspirando con la misma técnica que había usado en *La Fontana;* es decir, espiando a sus enemigos y esperando desde fuera que realicen lo que se proponen, para entonces de alguna manera destruirlos: «Trabajan para nosotros, y ahorcando a los liberales se ahorcan a sí mismos.... De modo—continuaba Elías...— que, en vez de apartarles de ese camino, debemos instarles a que por él sigan» (II, 164). Hay, con todo, una diferencia grande: Coletilla no conspira ya para Fernando, sino para el futuro rey carlista. Y no sólo no muere Coletilla a manos de Fernando, sino que sobrevive al monarca y llega incluso a celebrar su muerte brindando por la nueva monarquía: «¡El Rey ha muerto. ¡Viva el Rey!». Cuando Elías Orejón...pronunció esta frase con hiperbólico entusiasmo, el famoso Carnicero estuvo a punto de perder el sentido: tan grandes fueron su sorpresa y júbilo. Unidos ambos en estrecho abrazo, diéronse palmetadas...sosteniéndose el uno al otro, para no caer al suelo con la fuerza del contento» (II, 280): «Por la religión triunfante—dijo Elías empinando con gravedad»' (II, 282).

Ocurre lo que había ocurrido con las Porreño y con Garrote: que su actual postura es consecuencia de la que antes habían mantenido. En todos se ha intensificado el fanatismo; de tal forma, que Fernando no puede ya satisfacerles. Lo que hace Galdós al dibujar tales procesos es señalar el posible derrotero hispano; puesto que el fanatismo, dice, sólo engendra un mayor y más intransigente fanatismo. Se pasa así del absolutismo cruel de don Fernando al oscuro, clerical y quizá más sangriento de don Carlos. La iglesia, la sangre y la locura es lo que queda y permanece; de ahí que el grupo de conspiradores que se reúne en casa de Carnicero se transforme en un cónclave diabólico que va cegando y ahogando poco a poco la luz y la vida de España. Mezcla Galdós, por eso, el juego de la luz con el dialogo: «La lámpara se debilitaba y moría.... Las cuatro caras /de los conspiradores/ aparecían ora encendidas, ora macilentas, y la sombra jugaba...invadiendo a ratos todo el aposento.... La lámpara se extinguió completamente y todos quedaron de un color.... Por fin prendió la mecha.... A la luz sulfúrea de la pajuela reaparecieron las cuatro caras, bañadas de un tinte lívido, y la estancia parecía más grande, más fría, más blanca, más sepulcral» (II, 163-164).[8] Ese motivo de la luz se asocia repetidamente a los conspiradores: en cuanto el diálogo se enardece la luz se apaga. Es el oscurantismo y la ignorancia, la crueldad y el fanatismo, el clero que como monstruo de cabezas infinitas se dispone a tragar a España («Un Príncipe real y verdaderamente absoluto...que se apoye en el clero, que robustezca al clero, que dé preeminencias al clero, que atienda al clero, que mime al clero,» II, 163). Se trata, en suma, de las negras sombras que, como vimos, envuelven a don Carlos y que amenazan extenderse por su reino; un reino que si en realidad pasa a su bando no ha de necesitar la luz en absoluto: «Oyóse allá en el fondo del pasillo una voz que decía: ¡Luz, luz! Era que aquella noche, como en otra ya mencionada, la lámpara que alumbraba el congresillo furibundo resolvió apagarse...por lo que, contrariados todos al ver que desaparecían las caras, clamaban en tonos distintos: ¡Luz, luz!...El señor obispo de León...decía: «Para nada hace falta la luz» (II, 174).[9]

***

Podemos afirmar, pues, en resumen, que si Galdós altera las noticias que en el desenlace se ensartaban, es porque puede al hacerlo acentuar de nuevo detalles o señalar perspectivas diferentes que se necesitan ahora y que antes no habían sido necesarias. Galdós en *La Fontana* estudia un período definido: el trienio liberal, los años en que consiguen el poder los liberales. Lo que importa señalar entonces es la amenaza que supone el absolutismo de Fernando y la tragedia que significa para España cada uno de sus pasos. Dentro de ese propósito aparecen en forma determinada las Porreño; puede entonces deshacerse de ellas por razones novelísticas que al mismo tiempo convierte en significantes. Puede, de la misma manera, matar o destruir a Coletilla para acentuar así la crueldad y la ingratitud del régimen fernandino.

Años más tarde, sin embargo, cuando analiza el final de la década absolutista y los fenómenos que llevan al advenimiento de don Carlos, quiere mostrar como el absolutismo precedente, de manera lógica y automática, se transforma en el absolutismo del Infante. Necesita Galdós entonces que materiales significativos utilizados en novelas anteriores para sostener el mundo de Fernando pasen a sostener el mundo de don Carlos. Por eso que acuda de nuevo a las Porreño y que las vincule con Garrote; por eso también que resucite, en cierta manera a Coletilla; porque ellos al asimilar las ideas apostólicas y al convertirse en pilares de don Carlos, demuestran la tesis que Galdós defiende. Tesis que se presenta con claridad muy grande al comentar la muerte de Fernando: «Adivino de su próxima muerte, el Rey veía arrebatado a su directa sucesión aquel trono que quiso asegurar con el absolutismo. ¡Y era el absolutismo quien le destronaba! ¡La fiera a la que había alimentado con carne humana, para que le ayudara a dominar, se le tragaba a él!» (II, 270).

En efecto, Coletilla, Garrote, las Porreño—fieras absolutistas, como gráficamente vimos en obras anteriores—se abalanzan ahora sobre doña Isabel y don Fernando con la intención de destruirlos. Este cambio en la postura de los caracteres supone solamente, como ya hemos indicado, una intensificación lógica de sus tendencias, una realización plena de sus posibilidades. Además, y respecto a lo que los personajes significan y a lo que a España se refiere, supone un retroceso. El régimen absoluto no conduce, con su terror y sus torturas, al gobierno que el presente y el futuro necesitan; sino que lleva, de manera inversa, a un mundo aun más retrógrado, más intransigente y más amenazador y tenebroso. De ahí que Galdós no sólo modifique los personajes que iluminan al sentido de la obra; modifica también para acentuar aun más su tesis, los objetos que ayudan a los personajes. Por eso el famoso reloj de las Porreño que en *La Fontana* se había parado para siempre «y marcaba las doce de la noche del 31 de diciembre de 1800» (IV, 74), comienza a andar de nuevo en *Un faccioso más,* pero de una manera sorprendente: retrocediendo en vez de adelantando. Es decir, de manera semejante a como España, al compás de su péndulo, se hunde en el pasado: «¡Cosa admirable!, el reloj había vuelto a andar; mas por malicia del relojero o por un misterio mecánico imposible de penetrar, andaba para atrás» (II, 225).

NOTAS

1. Véase nuestro artículo «Los dos desenlaces de *La Fontana de Oro:* origen y significado,» *Anales galdosianos* (Anejo, 1978), págs. 55-69.
2. Voy a citar *La Fontana de Oro, Los apostólicos* y *Un faccioso más y algunos frailes menos.* Usaré las *Obras completas* (Madrid: Aguilar, 1968 y 1969). Indicaré en el texto, junto a la cita, el tomo y la página.
3. «Miró y Galdós: la revelación de un personaje,» *Homenaje a Gabriel Miró* (Alicante, 1979), 225-42.
4. Véase Joaquín Casalduero, *Vida y obra de Galdós* (Madrid: Gredos, 1974), pág. 46. Es innecesario señalar la importancia que el libro de Casalduero ha tenido en nuestro trabajo.
5. Apoyándose en esta oposición (muerte-vida) explica Casalduero lo esencial de la primera etapa galdosiana: «El desarrollo de la obra de Galdós,» *Hispanic Review,* 10 (1942), 245-47.
6. Véase el capítulo III.
7. Ya José F. Montesinos llamó la atención sobre la extraña reaparición de Coletilla en su *Galdós,* I (Madrid: Castalia, 1968), pág. 156.
8. El juego de la luz en esta escena y su relación con otras escenas galdosianas ha sido explicado por Javier Herrero, «La «ominosa década» en los *Episodios Nacionales,» Anales galdosianos,* 7 (1972), 110-11.
9. Hans Hinterhäuser explica la misma escena en *Los «Episodios Nacionales» de Benito Pérez Galdós* (Madrid: Gredos, 1963), pág. 178.

LA UNIDAD CONCEPTUAL DE
EL EMBRUJADO *

LUIS T. GONZALEZ-DEL-VALLE
The University of Nebraska-Lincoln

«Porque se parte de un error fundamental, y es éste: el creer que la situación crea el escenario. Eso es una falacia, porque al contrario, es el escenario el que crea la situación. Por eso el mejor autor teatral será siempre el mejor arquitecto...»

Ramón del Valle-Inclán [1]

En los últimos veinticinco años, la crítica sobre Ramón del Valle-Inclán ha evolucionado substancialmente. Parte de este desarrollo ha llevado a varios colegas a expresarse sobre la concepción del tiempo y otras teorías sustentadas por don Ramón en *La lámpara maravillosa*[2] y a aplicar sus conclusiones a varios otros textos valleinclanescos.[3] Este reciente acercamiento ha facilitado nuestra mejor comprensión de la producción literaria de uno de los más destacados escritores españoles de todas las épocas. Es indudable que mientras más percibamos el verdadero mensaje del único libro esencialmente teórico de Valle-Inclán, *La lámpara maravillosa*, más fácil nos resultará aclarar aspectos de obras específicas hasta la fecha poco estudiadas y aun mal interpretadas en algunas de sus características. De esto último ofrece un magnífico ejemplo *El embrujado*, tragedia que indebidamente no ha sido objeto del aprecio que merece a manos de los especialistas.

Tal parece que desde sus comienzos *El embrujado* estuvo destinado a sufrir la adversidad de la crítica. Ya en su oportunidad el distinguido valleinclanista José Rubia Barcia mencionó como la pieza fue rechazada por don Benito Pérez Galdós actuando como director artístico del Teatro Español y como Valle-Inclán mismo la leyó ante un público hostil en el Ateneo de Madrid, el 26 de febrero de 1913.[4] Más recientemente, J. L. Brooks, Manuel Bermejo Marcos y Sumner M. Greenfield han indicado que el drama carece de unidad orgánica. En este contexto Brooks afirmó que la pieza no poseía protagonistas con «personalidad dinámica» para unificarla y que por ello fracasó *El embrujado*.[5] Por su parte, Bermejo Marcos no detecta una fusión convincente de los argumentos y temas (creencias populares—lo oculto, las brujerías—, historia del crimen del niño, la ambición).[6] Son, sin embargo, los comentarios de Greenfield los que ameritan más atención debido al gran valor de su ensayo sobre *El embrujado*. Para él, la pieza resulta melodramática, faltándole la necesaria integración entre sus elementos componentes[7] y poseyendo poca «frescura y originalidad» debido a que «el viejo mundo valleinclanesco de Galicia había alcanzado un punto de agotamiento artístico, y que sin una visión nueva y un nuevo acercamiento estilísticos no podría existir más» (pág. 146).

Los tres críticos que acabo de mencionar se equivocan en lo concerniente a la unidad de *El embrujado*. Lo hacen pues la buscan en los temas que usualmente le han sido atribuidos y al observar en ella la convivencia de argumentos y atmósferas aparentemente poco relacionadas.[8] Y es que la unidad de *El embrujado* no puede ser detectada simplemente al identificar los argumentos y ambientes que la forman: historia del amor de un viejo por un niño que muere violentamente, sentido de culpa de un hombre que se cree perseguido por el espíritu de otro ser que él asesinó, supersticiones en las que cree el pueblo gallego y que le permiten a un hombre sentirse embrujado por una mujer a la cual este hombre y otros seres le atribuyen poderes sobrenaturales, presencia de fondos rurales que poseen una dimensión idílica que recuerdan la literatura pastoril del Siglo de Oro—ambientes que adquieren cuerpo, además, en la figura de doña Isoldina (quien es para Greenfield, muy acertadamente, «una encarnación plástica y perfumada de la esencia de la pureza pastoril, una especie de virgen diosa de la pradera gallega...» *[*pág. 139*]*)—, visiones del pueblo rural gallego en sus actividades cotidianas a través de personajes típicos del mundo que el drama nos presenta. No, la unidad de *El embrujado* no puede ser hallada al considerar los vínculos existentes en un plano real entre las tramas. Tampoco reside esta unidad en los temas con que normalmente es asociada la obra: avaricia (de don Pedro y La Galana y Mauriña), lujuria y sentido de culpa (de Anxelo), muerte (del niño y de la esperanza de don Pedro en esta criatura, en sí lo trágico de la obra), superstición(en los poderes mágicos atribuidos a La Galana), lo idílico-pastoril (en doña Isoldina y muchas descripciones de la obra), la lealtad (en Malvin), lo costumbrista (en los Ciegos de Gondar y Flavia, en la relación de señor y vasallo que existe entre don Pedro y quienes le rodean, en las tareas normales que desempeñan los distintos personajes).

La unidad de *El embrujado*, debo decirlo de una vez, es de naturaleza mucho más compleja: es una unidad conceptual, ideológica y, por tanto, opera en forma semejante a aquélla que el gran hispanista A. A. Parker le atribuyó al teatro español del Siglo de Oro.[9] Me explico, no asevero que los principios discutidos por Parker funcionen en *El embrujado*. Lo que sí existe en esta obra de Valle-Inclán es un sistema de valores que requiere que se subordine la creación de personajes a la acción, la acción a los temas (lo cual implica que no es necesario que cuanto ocurre tenga bases en la realidad) y los temas a una concepción del tiempo que don Ramón favoreció en *La lámpara maravillosa* y otros escritos y que le da vigencia a estos temas al dejarnos ver sus vínculos con el comienzo de todo y al permitirnos percibir su naturaleza intemporal.

A lo ya dicho hay que agregar que en este contexto Galicia se convierte para Valle-Inclán en el fondo imprescindible de *El embrujado*. La Galicia que concierne a don Ramón es una tierra milagera, rústica y arcaica con bases en la subjetividad de su creador. Dicho en otra forma, y adaptemos a Galicia y a Valle-Inclán, específicamente, las famosas palabras de Pedro Laín Entralgo al referirse a varios miembros de la Generación del 98 y su pasión por el paisaje castellano: «no todo es, sin embargo, sensación elemental y mundo íntimo en este sentimiento poético del paisaje castellano [gallego en el caso de don Ramón]. Bajo las notas impresionistas y entre las efusiones líricas vive la emoción del español. Como en Unamuno, como en Azorín, una visión y una pasión de España y de su historia se interponen entre la pupila del poeta y la tierra que canta.»[10]

Entre las teorías formuladas por Valle-Inclán en *La lámpara maravillosa*, las que me conciernen con respecto a *El embrujado* son aquéllas que tratan del tiempo. Para don Ramón cada instante perdura y carece de las limitaciones cronológicas que normalmente tanto preocupan al hombre. En este sentido, el cosmos siempre es igual pues el ser humano puede remmontarse al acto eterno de su origen (pág. 17).[11] Es por ello que para Valle-Inclán el verdadero tiempo no es aquél de los sucesos que ocurren diariamente sino el que relaciona estos hechos con momentos pretéritos y aun vigentes para el ser. O sea, don Ramón cree en la existencia de un mundo arquetípico, cíclico, con antecedentes en «El alma colectiva de los pueblos» (pág. 51).

De fundamental importancia en la percepción del tiempo valleinclaniana es el quietismo estético: «*Sólo buscando la suprema inmobilidad de las cosas puede leerse en ellas el enigma bello de su eternidad*» (pág. 105). Como el buen creador que era, para Valle el arte facilitaba la percepción de lo eterno:

> El arte es bello porque suma en las formas actuales evocaciones antiguas, y sacude la cadena de siglos, haciendo palpitar ritmos eternos, de amor y de armonía. (Pág. 57)

> Para el extático no existe mudanza en las imágenes del mundo, porque en cualquiera de sus aspectos sabe amarlas con el mismo amor. El éxtasis es el goce contemplativo de todas las cosas en el acto de ser creadas: Uno Infinito Eterno. Y el Arte es nuncio de aquel divino conocimiento cuando alumbra un ideal de conciencia, una razón de quietud y un imán de centro, plenarios de vida, de verdad y de luz. (Pag. 70)

En *El embrujado,* el «nuncio» del quietismo lo son las muchas descripciones que aparecen a través del texto, sus acotaciones. Estas descripciones de personas y lugares son como pinturas, algo que resulta muy apropiado si se recuerda que la obra forma parte del *Retablo de la avaricia, la lujuria y la muerte,* siendo el giro «retablo» de capital importancia al referirse a un conjunto de figuras pintadas o talladas que representan una historia y que, por fuerza, tienen que hacerlo sin ningún movimiento.

Muy a menudo, estos cuadros ponen énfasis en la antigüedad de las cosas descritas creando un efecto de vetustez que nos hace creer muy sutilmente que estamos viendo a seres y escenas de tiempos inmemoriales. Es por ello que se nos dice que don Pedro tiene un «figura rancia» (pág. 95)[12] y que posee un «ademán bíblico de sembrador que maldice» (pág. 104). Las palabras «rancia» y «bíblico» le otorgan a la figura de don Pedro un aire de antigüedad: la hacen asociable a los comienzos de la humanidad.[13] Ejemplos de lo que acabo de mencionar son observados por todo el drama y no se limitan a descripciones humanas:

> Malvín *salta al camino. Fuerte, montés, manchado de mosto, dorado por el sol, tiene la gracia de un verso rudo, en un poema antiguo.* (Pág. 83).

> *Por delante cruza un camino de aldea, y entre el camino y la casa hay un campo verde, cercado de laureles viejos....*(Pág. 75)

> *Arde una lumbrada de tojos en la gran cocina, ahumada de cien años....*(Pág. 131)

El primer pasaje citado establece vínculos entre un personaje de *El embrujado,* Malvín, y un «verso rudo» de un viejo poema (quizás tan rudo como los versos de los poemas épicos que encarnan el comienzo de la raza y culturas españolas). El tercero pone énfasis en la continuidad histórica que existe en esta cocina donde se ha depositado el humo—siempre la misma sustancia—por cien años. El restante, por su parte, indica que la casa de don Pedro está localizada cerca de un campo rodeado de «laureles viejos,» árboles sagrados en la antigüedad y que se ofrendaban al dios Apolo. Añádase que «por su follaje siempre verde simboliza *[n]*, asimismo, la eternidad....»[14] Es decir, cerca de la casa de don Pedro Bolaño se encuentran árboles asociables con la eternidad (y que, además, se nos dice que son viejos), árboles que contribuyen a la creación de ese ambiente primitivo en que es lógico se desenvuelva la acción de *El embrujado,* acción que transciende su presente histórico al remontarse, por su naturaleza y por la forma en que es escrita, al comienzo de todas las cosas.

No olvidemos que todos los temas fundamentales de la obra (amor filial, avaricia, lujuria, superstición, lealtad, tragedia, muerte, etc.) tienen antecedentes tempranos en la humanidad. Añádase a esta afirmación que las acotaciones de la pieza, en su calidad de cuadros,[15] adquieren una dimensión estática que le da fuerza a la noción de que todo lo presentado en el drama si bien actual es pretérito al congelar estas pinturas, emociones y

características físicas de siempre.¹⁶
 Las acotaciones a que me he referido, si bien ayudan a elucidar su uso en *El embrujado*, no establecen un nexo directo e irrefutable entre los escritos, de Valle-Inclán y la eternidad por medio de la teoría del quietismo estético. Tal hecho sólo ocurre a comienzos de la segunda jornada:

> *Tarde de otoño. Un río tranquilo, espaciado en remansos bajo la verde sombra de chopos y mimbrales. A las dos riberas, agros mellizos de heno y de linar, que, a par del río, se rizan con la brisa. Llueve menudo, menudo, en una gran paz. Sobre la arena fuerte de la ribera, que cruje desgranada, están sentados un hombre y una mujer. A su espalda, abierta y vacía, la casa alzada con pedruscos cubierta con paja de maíz y envuelta en humo. Las figuras parecen muy lejanas en el cernir de la lluvia menuda. Dos larvas en la orilla del río. Hablan de una manera fugitiva y medrosa, como si quisiesen no alterar el reposo del paisaje, la quietud de las hojas y del cristal del agua, la paz de todas las cosas que dice la perfección del éxtasis y el sentido hermético y eterno de la felicidad* (Pág. 107)

En esta descripción (que en ciertos aspectos evoca pasajes de *La lámpara maravillosa)* es cuando se aclara que en la quietud y la paz de todas las cosas es donde se manifiesta la eterna felicidad. Dicho en otra manera, a lo eterno sólo se llega con la calma, ese atributo que caracteriza a los cuadros con que don Ramón describió los ambientes y personajes de *El embrujado*. Es esta paz, este quietismo, el que remonta la escena al comienzo al hacerla igual que todas las escenas de ayer, hoy y mañana. La eternización que conlleva el uso de lo pictórico al afirmar la hermandad de todos los sucesos, paisajes y emociones es lo que le da su unidad conceptual a *El embrujado*. Dentro de esta perspectiva, por consiguiente, la avaricia de don Pedro es semejante a la avaricia de cualquier hombre en cualquier instante. Lo mismo sucede con todas las otras fuerzas operantes en la obra: muerte, lujuria, lealtad, etc.
 Agréguese además que Valle-Inclán introduce otros elementos en *El embrujado* que adquieren autonomía y que a primera vista, por tanto, le dan al drama cariz fragmentario. Digo a primera vista ya que si profundizamos podemos descubrir una unidad subyacen-

te. Es así que tenemos descripciones idílicas de un paisaje pastoril (e incluyo aquí a doña Isoldina). Lo pastoril se relaciona aquí a la visión arcaica que don Ramón tuvo de Galicia, lugar donde para él el pueblo comulgaba en supersticiones que tenían sus bases en el origin de la humanidad. Con esta Galicia y con toda su gente crea Valle-Inclán un paisaje «reconstruido, utilizado y manipulado en función artística, transformado para servir una intensión arcaizante...Valle la evoca añadiéndole cualidades pictóricas tomadas por observación de la obra de los primitivos italianos o flamencos, sabe que la combinación es posible, convincente y la yuxtaposición presta al cuadro un encanto primitivo como de ingenuo paraíso en la tierra.»[17] Este paraíso se ve alterado por circunstancias negativas y debido a su sencillez permite que seamos testigos de fuerzas que operan en todos los lugares y momentos históricos aunque no le resulte fácil al hombre comprenderlo así. En Galicia encuentra don Ramón un sitio propicio para la implementación de sus teorías del tiempo como algo circular donde todo es una repetición de lo que ocurrió en los comienzos.[18] También en Galicia la situación trágica de don Pedro al perder al supuesto nieto es a la vez algo personal en lo concerniente a los sentimientos del pobre viejo y algo genérico al contener el tema trágico en sus características fundamentales, atributos que operan por doquier. Lo trágico puede ser genérico, en *El embrujado* porque la obra ocurre en la Galicia creada y evocada por Valle-Inclán, lugar donde todo es eternamente igual y, por tanto, le habla al hombre de todas las épocas.

En *El embrujado,* Ramón del Valle-Inclán hace que coexistan supersticiones, una tragedia, lo pastoril y emociones primarias positivas y negativas.[19] En todos los casos, estos fundamentos son asociables con los momentos iniciales de la humanidad debido a las cualidades que don Ramón le atribuyó a su Galicia[20] y a su «pintura» de cuadros-acotaciones cuyo denominador común lo constituye la preocupación temporal tan prevalente en *La lámpara maravillosa.*[21] He aquí por qué posee una unidad orgánica *El embrujado,* «Tragedia de tierras de Salnés» donde convergen todos sus elementos en un plano conceptual.

NOTAS

*Una versión embrionaria de este estudio fue leída durante la reunión annual del Rocky Mountain Modern Language Association (Boise, Idaho, 23 de octubre de 1981).

1. «Don Ramón habla de teatro a sus contertulios,» en *Valle-Inclán visto por...,* ed. por José Esteban (Madrid: S. A. Editorial Gráficas Espejo, 1973), págs. 330-31. Estas palabras de Valle-Inclán aparecieron por primera vez en *Luz,* 23 de septiembre de 1933.

2. Entre otros, han discutido *La lámpara maravillosa* Guillermo Díaz-Plaja *(Las ideas estéticas de Valle-Inclán* [Madrid: Editorial Gredos, 1965], págs. 98-121), José Antonio Maravall («La imagen de la sociedad arcaica en Valle-Inclán,» *Revista de Occidente,* 44-45 [1966], 233-36), Ignacio Soriano *(«La lámpara maravillosa,* Clave de los esperpentos,» *La Torre,* 62 [1968], 144-50), Ciriaco Morón Arroyo *(«La lámpara maravillosa* y la ecuación estética,» en *Ramón del Valle-Inclán. An Appraisal of His Life and Works,* ed. por Anthony N. Zahareas, Rodolfo Cardona y Sumner Greenfield [Nueva York: Las Americas Publishing Co., 1968], págs. 450-59), Verity Smith *(Ramón del Valle-Inclán* [Nueva York: Twayne Publishers, Inc., 1973], págs. 38-47), Carol S. Maier *(Valle-Inclán y La lámpara maravillosa: Una poética iluminada* [Tesis doctoral, Rutgers University, 1975] y «Symbolist Aesthetics in Spanish: The Concept of Language in Valle-Inclán's *La lámpara maravillosa,»* en *Waiting for Pegasus,* ed. por Roland Grass y William R. Risley [Macomb: An Essay in Literature Book, 1979], págs. 77-87), Antonio Risco *El Demiurgo y su mundo: Hacia un nuevo enfoque de la obra de Valle-Inclán* [Madrid: Gredos, 1977] págs. 101-20), Virginia Milner Garlitz *(El centro del círculo: La lámpara maravillosa de Valle-Inclán* [Tesis doctoral, University of Chicago, 1978]), María José Alonso Seoane («Introducción,» *La guerra carlista,* tomo 1 [Madrid: Espasa-Calpe, S.A., Clásicos Castellanos, 1979], págs. XLVIII-LII), William R. Risley («Hacia el Simbolismo en la prosa de Valle-Inclán,» *Anales de la narrativa española contemporánea,* 4 [1979], 45-90), Luis González-del-Valle («*Augusto* y la estética de lo imperecedero,» en *El teatro de Federico García Lorca y otros ensayos sobre literatura española e hispanoamericana* [Lincoln: Society of Spanish and Spanish-American Studies, 1980] págs. 140-45), y Peggy Lynne Tucker *(Time and History in Valle-Inclán's Historical Novels and Tirano Banderas* [Valencia: Albatros/Hispanófila Ediciones, 1980], págs. 30-47).

3. Además de varios de los estudios ya mencionados en la nota anterior, debemos hacer referencia a los ensayos de Adrian G. Montoro («*Flor de santidad:* arquetipo y repetición,» *MLN,* 93 [1978], 252-66) y Teresa Pecchia («The Celtic Inspiration in

Renán and Valle-Inclán,» en *Papers on Romance Literary Relations,* ed. por Cyrus DeCoster /Evanston: Department of Spanish and Portuguese, Northwestern University, 1976/, págs. 41-59).

4. *A Biobibliography and Iconography of Valle-Inclán (1866-1936)* (Berkeley y Los Angeles: University of California Press, 1960), pág. 15. Otra versión similar de estos hechos aparece en *Vida y literatura de Valle-Inclán* por Melchor Fernández Almagro (Madrid: Taurus, 1966), pág. 147-48. Véanse además J. Rubia Barcia, «Secuela, realidad y profecía del teatro de Valle-Inclán,» *Cuadernos Americanos,* 199 (1975), 215, y Robert Lima, «Valle-Inclán in the Theatre: The Second Phase,» *Hispania,* 53 (1970), 426-27.

5. «Los dramas de Valle-Inclán,» en *Estudios dedicados a D. Ramón Menéndez Pidal* (Madrid: Consejo Superior de Investigaciones Científicas, 1957), pág. 186.

6. *Valle-Inclán: Introducción a su obra* (Madrid: Anaya, 1971), pág. 179. En esta ocasión Bermejo Marcos llega, incorrectamente, a negarle su dimensión trágica a la pieza sin detenerse a estudiarla debidamente. Sobre los elementos trágicos y otros aspectos temáticos y técnicos de *El embrujado* el lector es referido a mi libro *La tragedia en el teatro de Unamuno, Valle-Inclán y García Lorca* (Nueva York: Eliseo Torres & Sons, 1975), págs. 88-99.

7. *Ramón del Valle-Inclán: Anatomía de un teatro problemático* (Madrid: Editorial Fundamentos, 1972), pág. 134. Obsérvese que no negamos que para Greenfield otros aspectos de *El embrujado* tienen gran importancia en la evolución del arte de don Ramón. A lo ya dicho debo añadir que en mi propio libro sobre la tragedia afirmé que los temas de la obra «están ligados entre sí muy superficialmente» (págs. 88, 196-99).

8. Es así, por ejemplo, que para Greenfield existe poca relación entre la decoración natural que predomina a comienzos de la segunda jornada y las vicisitudes de Anxelo durante esta misma jornada. Para Greenfield esta pintura inicial no «está reforzada ni sostenida en las acotaciones que siguen» y, por tanto, no aparece integrada al resto de la jornada (págs. 141 y 142-44).

9. «The Approach to the Spanish Drama of the Golden Age,» *Tulane Drama Review,* 4 (1959-60), 42-59.

10. *La generación del noventa y ocho,* 6ª. ed. (Madrid: Espasa-Calpe, S.A., Colección Austral, 1967), pág. 25.

11. Utilizo la 2a. edición (Madrid: Espasa-Calpe, S.A., Colección Austral, 1960).

12. Citas y referencias a *El embrujado* son tomadas del *Retablo de la avaricia, la lujuria y la muerte* (Madrid: Espasa-Calpe, S.A., Colección Austral, 1961).

13. Tipo de «illo tempore» según las ideas de Mircea Eliade en *The Myth of the Eternal Return or, Cosmos and History,* traducido por Willard R. Trask (Princeton: Princeton University Press, 1954).

14. J. A. Pérez-Rioja, *Diccionario de símbolos y mitos,* 2a. ed. (Madrid: Editorial Tecnos, 1971), pág. 266.

15. Las siguientes acotaciones resultan obvios ejemplos de la naturaleza pictórica de las descripciones:

> *Callan y mueven el huso las cinco mocinas, todas en hilera como santas de un retablo.* (Pág. 86)

> *El viejo labrador aparece en la solana, sin ruido, como una sombra. Una de sus manos recoge la capa sobre el pecho. Solamente Pantoja de la Cruz pintó figuras de tan sombrío y místico realismo.* (Pág. 88)

> *Las cinco mocinas la escuchan extáticas....*(Pág. 92)

> *Las figuras, las sombras, las voces parecen próximas a desvanecerse, inconscientes como el ondular de la llama bajo las negras piedras de la chimenea, donde silba el viento* (Pág. 131)

> *Bajo el arco que abre zaguán a la plaza hay una hilera de figuras desvanecidas, diluidas, monótonas. Gesto y voz en la gama del gris.* (Pág. 136)

> *La cocina tiene paz de retablo. Danzan las llamas en el hogar, y en torno todas las figuras están quietas, imbuidas de misterio.* (Pág. 140)

Son notables en estos trozos las palabras «retablo,» «sombra,» «extáticas,» «gama del gris,» «quietas» y la referencia al gran retratista español del siglo XVI Juan Pantoja de la Cruz. Todo, sin lugar a dudas, contribuye al efecto de pintura, algo que por su naturaleza permite que se eternice lo que cada cuadro representa.

16. Sobre la funcionalidad de las acotaciones de Valle-Inclán, véanse las ideas de E. Segura Covarsi («Las acotaciones dramáticas de Valle-Inclán,» *Clavileño,* 7, Núm. 38 *[*1956*],* 44) y Anthony Zahareas y Sumner Greenfield («Introducción,» *Divinas palabras. Luces de Bohemia [*Nueva York: L.A. Publishing Co., Inc., 1972*],* págs. 23-24). Otro acercamiento a las direcciones de escena—y otros pasajes descriptivos—de Valle-Inclán lo ofrece C.B. Morris al indicar como con ellos guía el gran gallego a los espectadores de sus obras al cine *(This Loving Darkness. The Cinema and Spanish Writers. 1920-1936 [*Nueva York: Oxford University Press, 1980*],* especialmente las págs. 34-37).

En lo concerniente a lo descriptivo (las acotaciones) en *El embrujado,* resulta curioso lo dicho por J.L. Brooks: para él aquí don Ramón se preocupó menos por la «impresión de la escena» (pág. 185; esta opinión la reitera también en «Valle-Inclán's *Retablo de la avaricia, la lujuria y la muerte,*» en *Hispanic Studies in*

Honour of I. González Lluvera, ed. por Frank Pierce *[*Oxford: The Dolphin Book Co., LTD, 1959*],* pág. 87). En mi opinión, esta conclusión es inválida y, en parte, no le permitió al crítico británico descubrir la unidad que caracteriza a la obra.

17. Eva Llorens, *Valle-Inclán y la plástica* (Madrid: Insula, 1975), pág. 71. Léanse también los comentarios de Francisco Ruiz Ramón *(Historia del teatro español. Siglo XX,* 3a. ed. *[*Madrid: Ediciones Cátedra, S.A., 1977*],* págs. 95-96), J.A. Maravall (págs. 233-36) y Antonio Risco (págs. 137-201). Este último, y muy de pasada, estableció vínculos entre la visión de Galicia creada por Valle y la influencia que la «escuela simbolista-modernista» ejerció sobre él. Al hacerlo, Risco parece estar de acuerdo con Julio Cejador y Frauca, *Historia de la lengua y literatura castellana,* tomo 11 (Madrid: Tipografía de la Revista de Archivos, Bibliotecas y Museos, 1919), pág. 5.

Sobre el ambiente gallego en *El embrujado* se han expresado entre otros César Barja *(Libros y autores contemporáneos [*Nueva York: Las Americas Publishing Co., 1964*],* pág. 408), Antonio Risco *(La estética de Valle-Inclán en los esperpentos y en El ruedo ibérico [*Madrid: Editorial Gredos, 1966*]* pág. 75) y Verity Smith (pág. 86).

18. Y es que en la Galicia de cuando Valle-Inclán era niño, él vislumbró un mundo donde todavía el pueblo se aferraba a sus milagros y hechos mágicos como lo demuestran los estudios de Jesús Rodríguez López, *Supersticiones de Galicia y preocupaciones vulgares,* 2ª. ed. (Buenos Aires: Editorial Nova, s.f.), Rita Posse Pena, «Lo que dice don Ramón del Valle-Inclán sobre los hechizos,» *Cuadernos de estudios gallegos,* 22 (1967), 68 y Rosa Seelman, «Folkloric Elements in Valle-Inclán,» *Hispanic Review,* 3 (1935), 103-18. A esta impresión inicial que debió derivar Valle hay que añadirle sus lecturas. Ellas son punto de partida en su creación de una Galicia que se ajustaba a sus preocupaciones filosóficas. Sobre la «factura literaria» de la visión valleinclanesca de Galicia se ha expresado José Rubia Barcia, «Valle-Inclán y la literatura gallega,» *Revista Hispánica Moderna,* 21 (1955), 13-126 (especialmente la pág. 94) y 294-315.

19. Todo con antecedentes en la producción de Valle-Inclán. Por ejemplo, y sin ser exhaustivo, lo pastoril en *Eulalia* y *Voces de gesta;* lo trágico en *Voces de gesta;* el tiempo circular en *Augusta* y *Flor de santidad;* las supersticiones en *Jardín umbrío, Corte de amor,* las *Sonatas* y textos posteriores, etc.

20. Nótese que en la Galicia de Valle-Inclán el pueblo acepta lo sobrenatural como real. Un buen ejemplo aparece al terminar la obra cuando todos se santiguan al salir La Galana con sus dos poseidos, Anxelo y Mauriña (pág. 151). Esto es fundamental en la invención de un mundo primitivo por parte de Valle-Inclán pues en ellos para que existan brujerías tiene la colectividad que creer en lo subrenatural. Son útiles al respecto las ideas de Claude Lévi-Strauss (*Antropología estructural,* traducido por Eliseo Verón *[*Buenos Aires: Editorial Universitaria de Buenos Aires, 1968*],* pág. 152). Este crítico añade que, además, el hechicero tiene que creer en la eficacia de sus

técnicas (algo obvio en el caso de La Galana) y que los embrujados tienen que tener fe en los poderes del hechicero (algo indudable en lo concerniente a Anxelo).

21. No debe olvidarse que *El embrujado* fue escrito alrededor de 1913. Por su parte, tenemos indicios de *La lámpara maravillosa* para 1910 y sabemos que lo escribió entre 1912 y 1915 (véase la tesis de V. Milner Garlitz, pág. 3; esta misma crítica sustenta con certeza que la Galicia primitiva entrevista en *La lámpara maravillosa* es la misma que aparece en la producción de Valle-Inclán entre 1902 y 1914 *[*pág. 205*]*).

MODES OF BEING IN GABRIEL MIRO'S
EL ANGEL, EL MOLINO, EL CARACOL DEL FARO

ROBERTA JOHNSON
Scripps College

El ángel, el molino, el caracol del faro is (at least in the first four of its five parts) a kind of modern *Calila e Dimna,* a collection of fables, parables, fantasies and legends. It contains twenty *estampas,* five under the heading «Estampas rurales,» three «Estampas de cuentos,» three «Estampas del agua, del río y del mar,» five «Estampas de un león y una leona,» and four «Estampas del faro,» all of which appeared individually in Barcelona's *La Publicidad* between February 7, 1919 and October 6, 1920. The collection seems to be an anomaly among the other secular works that Miró published in the late teens and early twenties; the last sections of *Libro de Sigüenza* (1914), *El humo dormido* (1918) and *Años y leguas* (1921, 1922) have readily recognizable autobiographical and philosophical overtones throughout, exploring the themes of time, memory, existence and language. However, *El ángel* also employs an autobiographical voice in two strategic sections (the eleventh *estampa* at the exact center of the book and the last four *estampas).* A close examination of these autobiographical parts reveals a philosophical theme that unlocks the philosophical intent of the stories and fables.

Miró diverts the ancient literary forms of fable, parable, legend and fantasy from their traditional moral or escape purposes, in order to explore the nature of being. The philosphical core of the book is thus ingeniously masked by the childlike genres employed—the most literary or «unrealistic» modes. And even when the autobiographical voice does appear, it is the voice of a child, in keeping with the children's literature genres found in the rest of the book. This, however, is a thinking child, who, in the course of a day and a night at a lighthouse (significant location!), claims to have «pensado todo.»[1] Under the tutelage of the old lighthouse keeper, the boy Gabriel «se pasmaba, sintiendo la delicia infantil de su asombro bajo la palabra y la mirada buena del torrero,» who has a «sonrisa y ademanes pálidos de bibliotecario» (p. 769). Is the old lighthouse keeper in fact a librarian, a kind of guardian of the foregoing tales and fantasies, or are the tales born of the boy's own imagination? The narrative source of the tales is not revealed, but what I wish to show here is that they are incarnations of the truth discovered by the child the day before he claims to have «thought through everything.» He states that truth as follows: «Las cosas se articulan a la vida de nosotros; se hinchan como una vena de la circulación del instante del recinto que nos conmueve; abren la distancia de nuestra conciencia...» (p. 770).

Each tale seems to test some facet of this truth and in so doing tests the power of literature to make present certain modes of being without bracketing that presence in philosophical language. The underlying paradigms of the animal stories and tales of princesses, princes and talking rivers posit three modes of being-in-the-world: perception, function and context (place), all interrelated and dependent on a subject/object relationship (perceived and perceiver, thing and user, thing and place). What the angel, the mill and the conch shell have in common are their dependence on their location, their function and another entity's perception of them for their existence. In other *estampas* (especially the second and the fifth parts) a displacement of an entity dooms its existence. Finally the perceived existence, function or relationship is made present through some kind of expression or articulation (a language).

Gonzalo Sobejano (the only critic to give serious attention to *El ángel*) says it is the most poetic of Miró's works: «Su misión, concentrar lo disperso en la vida plena de la palabra, la realiza ejemplarmente en esta colección de estampas, donde como en toda su obra, pero en grado máximo, se demuestra poeta lírico, distanciando de la concreción social e histórica inmediata para comprender de manera absoluta, en soledad conmovida, el latido unánime de la totalidad en el hombre.»[2] Sobejano then centers his analysis on the preponderance of the word *todo* in the work and the types of situations in which it is employed in order to project that «totality.» The present study concurs with Sobejano's but goes beyond the usual sense of poetic (Sobejano specifies lyrical) to locate Miró in the tradition of the poets (e.g., Hölderlin and Stefan George) found by Heidegger to use poetic language for an ontological purpose. This identification seems appropriate since Miró's (or the boy Gabriel's) discoveries about the world in the book seem very close to Heidegger's when he says: «We must first think the relation between world and thing as a unity. But the world and thing are not merely 'coupled' to one another, rather they 'penetrate' one another to the extent that they may be described as 'thingworld' and world-thing.»³ Poetizing for Heidegger is not limited to literature: «Poetizing establishes by making entities 'secure' through words, by naming entities as things and eliciting the ontological relations between one thing and another.»⁴ For Heidegger a word in a dictionary is nothing—out of context it is only a residue. But on the other hand «Within the spatio-temporal sphere the world determines the thing to be a thing.»⁵

Let us now turn to several of the fables or stories to see how Miró's innovative philosophical enterprise is carried out. Perception and being are the focus of «El molino» the first *estampa* of the collection. The canvas covered blades of the mill are first seen in motion, blending in a whir as one entity: «Las seis alas se juntan en una para los ojos...» (p. 735). As the wind dies, the blades slow and the ants below see that one of the blades has a patch; the moralistic nature of the traditional fable genre asserts itself when an ant declares: «¡Válgame! ¡Tanta vanagloria, y con un remiendo!» (p. 735). But the piece is not about vanity; rather it focuses on perception and truth: «Pero es verdad; una tiene un remiendo, y cuando todas volaban el remiendo florecía de color suave de trigo y de miel en la blacura de las otras alas» (p. 735). The wind resumes and again sets the blades in motion, allowing the mended blade to hide its shame: «La vela remendada esparce gloriosamente su color maduro de sol en la corona de blancura que tejen sus mellizas sobre el cielo» (p. 736). But the ants, privy to the secret of the mended tear, know the full truth (which is only a perceptual truth part of the time). In this instance truth is perception and memory revealed in verbal expression. The windmill sings «—¡Buen día y pan!» (p. 736), and the ants reply «—Bueno. Pero ¡cuando te pares..., que te has de parar...!» (p. 736). Perception and expression combine to inform truth.

Several segments of the first section explore the nature of things in their function and thus their relation to human existence.

In «Un camino y el niño del maíz» three people use a road. A workingclass child stops a moment to play with several children of higher social status in their roadside gardens. A traveler evokes the road's meaning in terms of distance: «se le oye pararse mirando el camino, la distancia apretada,» (736) and a businessman in a hurry uses the road as a shorcut. Only the child carrying corn bears the knowledge of the world outside to the inside of the sheltered gardens of the wealthier children; they do not want him to leave with his superior knowledge. The little parable seems to suggest that knowledge is perception in space. The traveler's presence evokes the following question from the children: «¡Cómo se desea preguntarle al caminante si va muy lejos, y después verle y oírle, anda que andarás, anda que andarás!» (p. 737).

«Las campanas» which closes the first section of the «Estampas rurales» combines two modes of being—perception and function. It is a voluptuous evocation of the perceptual qualities of the bells in the lives of the village people. They mutually create each other through perception. In closing the cycle of the rural pieces, the bells refer back to the road of the second piece as the bells sympathize with the road («lo mira compadeciéndose la 'Campana-Madre-1766'» *[*p. 740*]*). They are both tied for their existence on the human use of them: «Al anochecer, parece que los caminos vuelven a los pueblos» (p. 740). The bells derive all their dimensions from their function in the town: they are happiness on feast days; they are time and peace, and the town *is* its bells: «Esparcen la sensación de vida del pueblo» (p. 741). Actually it is the voice of the bells, their «speech» that defines the existence of the village: «De verdad no se despierta hasta las doce; y, aun entonces, trajina muy poco; habla lo preciso, dejando caer nueve palabras, las nueve campanadas del Ave María que se abren y pasan imprimiendo una caliente quietud en la ciudad, en las heredades, en la labranza, en el camino desválido» (p. 740). And finally the old bellringer exists for the townspeople only in his function as bellringer. In their perception of him, he has no other life outside his function: «las gentes creen que lo único que hace el campanero es tocar las campanas» (p. 742).

The first section of *estampas* tests the notion of existence as perception and function; the second («Estampas de cuentos») explores existence in space (although this is not to say that there are not allusions to the other modes of existence). In each *estampa* or legend of this section, a displacement of an entity (an angel, a prince and an artist's soul) occurs. An angel is allowed to return to earth and then refuses to abandon his earthly abode to return to heaven after fulfilling his soul-gathering mission. The angel feels at home in the worldly surroundings: «Va saliendo la luna. Hay luna llena; y el mar, y los jardines, y las montañas, y los senderos solitarios, y hasta la frente y las tristezas de los hombres, y las manos, la mirada y la boca de la mujer, y el pensamiento de la muerte, todo adquiere una inocencia, una intimidad, una perfección inefable...¡qué dulce es sentirnos cerca del cielo desde la Tierra!... ¡No, Querubín; yo no subo! Díselo a Nuestro Señor. No hay obra suya que más se ame y que más nos posea que este mundo» (p. 745).

In the next *estampa* «El cadáver del príncipe» a robber takes pity on the body of a dead prince, squeezed unnaturally into its finery. He removes the body from the clothes and presumably carries it off to some more natural resting place than the casket of gold prepared for it. On discovering the robbery, the officials angrily murder the man who openly admits having taken the royal cadaver. The robber's body is then placed in the casket to satisfy the need for a corpse during the ceremonies. Nobody suspects that the royal casket contains anything but a princely corpse: «salían músicos y lloros, y la inspiración descendió a la frente de los poetas del reino» (p. 749). The truth as perceived and expressed in poetry will be that the prince's body rests in the royal gold casket.

In «La cabeza de piedra, su alma y la gloria» a sculpted head, filled with the soul of its creator pines away in a dark corner of a church. It envies the gargoyles that are gloriously displayed for all to see and admire. The sculpture is finally «discovered» by an art expert and taken to a museum, but rather than the longed-for glory, the soul of the creator that infused it dies. The lifeless sculpture is doomed to an eternity of staring at an ash-colored wall with the sign «Se prohibe escupir» (p. 752).

Death out of context is also the pattern of the fourth set of *estampas* «El león y la leona.» The royal beasts, which have established their territory at a desert oasis, allow some crows to trick them into seeking the jungle. They are instead taken to the sea—an unnatural setting for them, and there they are captured and interned in a zoo. They believe they have arrived at the jungle (the appropriate animals are there), and the lion's view of his world conforms to his expectations: «—¡Qué lástima, amiga mía; qué lástima que la pobre selva esté enjaulada!» (p. 768). Having never seen the jungle, the jungle becomes whatever experience he does have, and so he names it. His skeptical companion thinks resignedly: «¡Ahora este león ya no tiene remedio!» (p. 768).

The third section of the book, «Estampas del agua, del río y del mar» continues the fantasy mode with the pieces «El agua y la infanta» and «El río y él,» but concludes the section with an autobiographical voice in «El mar: el barco,» as though the relationship thing/world, entity/context prepared for in the earlier sections were now ready to be tried on the human condition. Through imagery the first two pieces underscore the subject/other relationship. Other or outside world is what gives meaning to being: «Agua y luna se abrazan desnudas, inocentes y necesitadas la una de la otra para la misma belleza» (p. 753). But the narrator questions whether that is all there is to existence: a subject/object exchange. No, he decides, there is a physical existence outside the relationship: «fuera de este encanto, es una 'cosa química'.» But immediately the subject/world relationship is reaffirmed: «El agua que de ella misma baja por las cuestas y corre y trajina por el mundo, no es ella, sino de ella; es como la llama prendida de otra llama, y ya no será más que lo que el cauce quiere que sea; grande, angosta, impetuosa, sosegada, según el camino. El alma del agua sólo reside en la tranquila plenitud de su origen» (p. 753).

Subsequent images underscore this relationship. Cypress trees along a path are observed to sink their «filo en el cielo del agua, dejándole una emoción de inmensidad y una sombra morada, nazarena» (p. 753). A *madroñal* achieves a sense of its beauty thanks to the water: «Entonces, todo adquiere el misterio de la vida de la emoción suya. Es ya la belleza contemplada; es el concepto y la fórmula de una belleza que se produce en esa soledad como en el alma del hombre, y el agua es como una frente que ha pensado este paisaje. Paisaje junto al agua clara, desnuda; paisaje sumergido y alto, ¡cómo te tiembla y se te dobla el corazón en la faz y en las entrañas del agua!» (p. 753). Toward the end of the *estampa* the princess laments not being happy like the water, but the water perceives itself to be even more tragic than the princess. It can never be thirsty; that is, it can never be anything but itself, can never get outside itself to know how it affects others. Its self-knowledge is restricted to feeling its relationship to other things in its world.

That notion is carried further in «El río y él» where the river is followed from its origins as a small, rushing brook to its dissolution in the sea. From its beginnings the river loved itself; it is the reflection of everything in the world: «Lo cantaban los poetas; las mujeres sonreían complacidas en sus orillas; los jardines palpitaban al verse en sus aguas azules; los cielos se deslizaban acostados en su faz; la nieblas le seguían dejándole sus vestiduras, y rajaba la luna, toda desnuda, y se desposaba con cada gota y latido de su corriente» (p. 759). Before it becomes the river it can reflect nothing: «No veía ni poetas, ni mujeres, ni jardines. Nada» (p. 755). In its maturity «El verdadero río era un lírico de bien» (p. 755), the lyric, the poetic word, having the power to capture everything: «Quizás fuese tan bueno en fuerza de amarse tanto, porque se amaba amándolo todo en sí mismo» (p. 754). The river grows and gains knowledge «ávido de saber, callado y sutil, traspasaba laminándose la carne tierna de las márgenes...» (p. 755). But when the river arrives at the sea (death) its knowledge ends. It has experienced everything, but at the moment of death it realizes it has not experienced itself «y el río se retorció angustiadamente, mirándose a sí mismo, mirándose él sin conocerse. Y se hundió en el mar...» (p. 756). Existence in the case of the river is its interaction with the world that surrounds it. Self-knowledge out of that context is impossible.

Human existence was insinuated in the «El río y él» parable through reference to Jorge Manrique's metaphor of life as a river that flows to the sea of death. And finally, in the last *estampa* of the section (the eleventh of the entire work as indicated earlier) the autobiographical «yo» asserts itself to transfer the observations about the nature of things in the world to human truth. The subject in the subject/object or subject/world relationship is immediately affirmed in the first word of the passage: «Mi ciudad está traspasada de Mediterráneo» (p. 756). As a transition between the aforementioned animal and fantasy representations of the philosophical idea, the central viewer's world is first seen in reciprocal terms: «El olor de mar unge las piedras, las celosías, los manteles, los libros, las manos, los cabellos. Y el cielo de mar y el sol de mar glorifican las azoteas y las torres, las tapias y los árboles. Donde no se ve el mar se le adivina en la victoria de luz y en el aire que cruje como un paño precioso» (p. 756). The narrator next incorporates himself perceptually into his surroundings: «En mi ciudad, desde que nacemos, se nos llenan los ojos de azul de las aguas. Ese azul nos pertence como una porción de nuestro heredamiento...» (p. 756).

The rest of the piece is devoted to a specific morning in which the narrator experiences his relationship to the sea: «Un contacto de creación desnuda que calaba la piel y la sangre. Carne de alma, y el alma como un ala comba, vibrante, dolorida y gozosa de doblarse y distenderse, pero hincada en la pena» (p. 757). It is a moment of conscious existence, of total compenetration of human entity and its surrounding world: «La mirada y el afán cogidos en nuestra vida...Y el cielo y el mar se levantaban delante de nuestra frente, se alzaban tendidos, sensitivos y duros.» Man is his place, although this place exists before and after the human presence in it: «La angustia de imaginarnos el mar sin nosotros, cuando no vivíamos y cuando no viviremos» (p. 757). But without us the sea is only a concept: «De pronto tuvimos la conciencia de la soledad; de la soledad de nuestra cuerpo, de su latido caliente junto a la soledad de las aguas, soledad que no es estado como en nosotros, sin un concepto sin relación humana, y se avivó el de eternidad sin nosotros, el de la naturaleza sublimada en sí misma» (p. 757).

We are our perceptions and our actions (function) in this space: «Parece que nada más seamos nuestros ojos, como si en la visión estuviéramos también nosotros hechos ya de naturaleza separada, fuera de la nuestra de criatura; proyectados encima del mar, en sensación de mar» (p. 575). This notion is affirmed with irony at the end of the piece when the narrator tries to «capture» the sea upon sighting a boat, an entity that has greater powers over the sea than human perception. But that ruse does not work because the boat, rather than serving as an instrument by which the perceiver can take possession of the sea (symbolically) carrying his soul to the great beyond («De un brinco se metió mi corazón en el barco»), the boat approaches the perceiver and docks at the shore: «El mar era mío desde el barco. Pero el barco no se marchaba, sino que venía al puerto de mi ciudad» (p. 758).

In order to preserve existence the narrator has recourse to words: «Apreté dentro de palabras lo que yo más amaba, lo que creí más mío; y las pronuncié y se me deshacían, y para no perderlas las escribí en piedras con un' esfuerzo recóndito, como si las tallase; y no las arrojé, sino que las puse en la faz de las aguas, y al sumergirse sentí un ruido de ascua y de corazón.» This moment of interpenetration through perception and expression is limited in time: «Lo inmenso iba a ser un instante recordado. Las piedras de palabras nunca serían realizadas» (p. 757). But this moment is existence nonetheless: «el mar palpitaba gloriosamente con pobre vida mía» (p. 757).

Miró seems to find, as does Heidegger later, that the sea is one of the most valuable poetic entities for illuminating memory. The constant give and take of subject and object in the memory process is suggested in the perennial movement of the sea, and the sea is a reminder of the search for being through things:

> The sea as sea becomes the appearance of the sea as the giver and taker of memory. The poetized sea thus becomes a temporal as well as a spatial entity: it is the earthly counterpart to the time involved in remembering the past in the present and the movement required to transcend the present and recall that moment in the past which is to be remembered. The reason for remembering is poetized as the shore to be reached, the approaching boundary, the source of the moment for which the act of remembering was initiated.... Memory is of *one* time just as the immediate configuration of waves is of *one* sea.[6]

In the last four *estampas* which take place at the lighthouse, the conch shell, which discloses the sound of the sea when held to the ear, is indeed memory. The lighthouse keeper's wife recalls her drowned son by listening to the sound of the sea in the dead boy's favorite conch shell which is kept in an honored place to the left of his photograph. Perception and place are fused in this segment when the young visitor to the lighthouse one day mixes up the conch shell placed to the right and that on the left. For the bereft mother (unaware of the displacement) the left-hand shell continues to represent her son (another version of the displaced prince story). This final section recapitulates other aspects of the philosophical underpinnings of the book. Perception and truth are suggested when the narrator discovers that what he thought to be a star is in reality another lighthouse; the nature of that entity depends on his perception: «Seis millas entre dos estrellas me hubiese parecido una distancia fabulosa de siglos; entre dos faros era tenerlos en mis manos como dos antorchas» (p. 769).

The unity of voice between the autobiographical sections and the «literary» (fables, parables, etc.) ones is hinted in the imagery that opens the final segment. The lighthouse is described as «tendiendo sus aspas de polvo de lumbre, y alguna vez las traspasa un buho, un autillo, que rebota loco y cegado por el relámpago de su cuerpo» (p. 768), recalling the chief feature of the windmill of the first segment of the book, and «la vía láctea parece recién molida en la tajona de claridad del faro» (p. 769). Water images serve to unite the middle and final sections underscoring the interdependence of things or man and his world for existence. In the «El agua y la infanta» section, the narrator establishes a relationship between perceiver and water that is repeated in the final section:

> Después, el agua se queda un momento ciega. Es un ojo de un azul helado, todo órbita vacía, inmóvil. ¿Se habría muerto para siempre esta pobre agua? Venimos muy despacio, como si nos llegásemos de puntillas a una mujer acostada que no se la oye respirar, que no tiene color, que no mueve los párpados, y, de pronto, salen los ojos ávidos, asustados; sale toda la imagen dentro de la quietud del agua ciega. Estamos allí del todo; está todo mirándose. Nos aguardaban. El agua se ha llenado de corazón, y el corazón de esta agua era la ansiedad de nosotros. (753)

And the boat in water image of the «El mar: el barco» (central section) and «La playa» (final section) reinforces subject/object movement. In «La playa» the boy echoes the «El mar: el barco» section analyzed above: «Lo *[a boat]* esperamos casi por la amargura de ver como desaparece. Yo paso en 'ese' vapor y me veo a mí mismo, mirándome desde el peñascal de la torre. Y cada una de mí, se lastima del otro y se trocaría por el otro, y se quieren más que antes...» (p. 772).

Finally, all of the various modes of existence in the book and their expression arise from a situation of non-expression. Again Heidegger is illuminating, as he understands existence to emerge from the in-between, from the difference that a thing marks with its background or with what came before or after: «Things are defined in the world by the 'between'—'the difference.'»[7] In language, one element of this difference is silence: «We name the soundless calling through which saying sets in motion and collects the world-relation-the peal of stillness.»[8] Before the events of a particular afternoon on a particular country road take place, events that define the road and its relationship to those who use it, there is a general «quietud de los jardines en mediodía (p. 736). Before the children feel the urge to ask the traveler his plans, «Todo calla menos el silencio,» and before the bell tolls marking the significant parts of the day for the village people, it is seen «todavía dormitando» (p. 740). Before the robber emerges to snatch away the prince's body, «la aldea respiraba buena y tranquila, y desde en medio del cielo la miraba la luna. Entonces se levantó en el valle un hombre que hacia crujir el silencio como un jaral...» (p. 747).

So, by means of the word or literary image and the literary genres—parable, legend, fable and fantasy—that most rely on language for their truth (i.e., have no referent in the «real» world), Miró creates in *El ángel, el molino, el caracol del faro,* a fiction that conveys philosophical truths as he understands them. Now we can see that, rather than a curiosity, *El ángel* is very much a part of Miró's literary cannon and is, in fact, best understood in light of *El humo dormido* (exploring truth and memory) written immediately before it and *Años y leguas* (the self in time and space)' written just afterwards. *El ángel's* contribution to Miró's philosophical thinking within a literary context is to boldly assert the power of the word to understand existence and to contain it.

NOTAS

1. Gabriel Miró, *Obras completas* (Madrid: Biblioteca Nueva, 1961), p. 769. All references to *El ángel, el molino, el caracol del faro* are from the same edition.
2. Gonzalo Sobejano, «Totalidad cósmica e integración humana en *El angel, el molino, el caracol del faro,* de Gabriel Miro,» *Prismal/Cabal,* 5 (1979), 20.
3. «...es Dinge zur Welt und Welt zu der Dingen Kommen Heißt. Beide Weisen des Heißens sind geschieden, aber nicht getrennt. Sie sinde aber auch nicht nur aneinander gekoppelt. Denn Welt und Dinge besthen nicht nebeneinander. Sie durchgehen einander. Hierbei durchmessen die Zwei eine Mitte. In dieser sind sie einig....Si spricht, indem sie das Geheißene, Ding-Welt und Welt-Ding....» (Martin Heidegger, *Unterwegs zur Sprache* Tübingen: Neske, 1960*J*, pp. 24, 28. Paraphrased in English by David A. White, *Heidegger and the Language of Poetry [*Lincoln and London: University of Nebraska Press, 1971*J*, p. 64).
4. White, p. 128 paraphrases Heidegger's *Erläuterungen zu Hölderlin's Dichtung,*

4th ed., p. 148.

5. «Das Wort be-dingt das Ding zum Ding.» (Heidegger, *Unterwegs zur Sprache,* p. 232, paraphrased in White, p. 29.)

6. White, p. 103 praphrases Heidegger's *Erläuterungen zu Hölderlin's Dichtung,* p. 142.

7. «Die Innigkeit von Welt un Ding west im Schied des Zwischen, west im Unter-Schied.» (Heidegger, *Unterwegs,* p. 25 paraphrased by White, p. 64.)

8. «Wir nennen das lautlos rufende Versammeln, als welches die Sage das Welt-Verhältnis be-wëgt, das Geläut der Stille.» (Heidegger, *Unterwegs,* p. 215, translated by White, p. 46.)

9. Please see my article «Time and the Elements Earth, Air, Fire, and Water in *Años y leguas*» in *Critical Essays on Gabriel Miró* (Lincoln: Society of Spanish and Spanish American Studies, 1979).

AMBIVALENCE AND AMBIGUITY IN *LA FAMILIA DE PASCUAL DUARTE*

LEON LIVINGSTONE
Emeritus, *State University of New York, Buffalo*

When *La familia de Pascual Duarte* irrupted onto the Spanish literary scene in 1942 it created a furore whose effects have still not subsided. Most particularly is this reflected in the stream of critical surmise that continues to surround the work. The bafflement of interpreters, the «frustrating conjecture»[1] to which they are impelled, centers around the evaluation of the protagonist as good or bad, hero or coward, victim or criminal, and also «difficulties» which «concern certain unexplained mysteries in the narrative.»[2] Among the latter can be noted the seemingly arbitrary killing by Pascual of his dog Chispa, the absence of the protagonist on lengthy travels during which his wife is left exposed to the advances of his rival; the disparity between the modest background of the narrator and the stylistic elegance of his confession; the dedication of the latter to a murder victim of Pascual's whose death is unexplained in the text; and, indeed, the very violence of the character himself. «En realidad,» says Paul Ilie, «buscamos en vano un indicio de motivación psicológica para la subsiguiente violencia de Pascual. No la hay: sólo sabemos que es literalmente poseído por turbulentos cambios orgánicos e impelido a matar.»[3]

Faced with the enigma of Pascual's conduct, critical interpretation has tended to a unilateral choice between alternatives. Thus, he is seen as an example of the primitive man whose response to circumstances is «automática e irresponsable» (Ilie); as the elemental judge incapable of understanding that good and bad are not absolute and opposite values;[4] as a practitioner of the Spanish attitude of *la real gana,* of doing what one damn well pleases,[5] and so on. The critic who seems to have come closest to grips with the significance of the novel is R. C. Spires in his evaluation of its «systematic doubt[6]», its «contrived ambiguity,[7]» and the basic ambivalence of a work whose tone «fluctuates» between irony and sincerity.[8] But then this critic modifies his perspicacious conclusions by limiting the ambivalence of the novel to the temporal.[9] A reading of the text from the criterion of ambivalence, however, would seem clearly to demand an interpretation that does not limit this aspect to the technicality of the disparity between the present contrition of a prisoner awaiting execution and the past brutality of the perpetrator of horrific crimes,[10] but extends it to an overall duality, eventually subsumed into a total ambiguity in which irony and sincerity do not simply fluctuate but are inextricably bound together, an ambiguity which is that of existence itself and of art.

The unilateral resolution of the central question of Pascual Duarte as victim or wilful criminal is typified by the provocative analysis of Mary Ann Beck. In an intriguing article this critic suggests that there is an «ironic discrepancy between the words and the acts of Pascual Duarte;»[11] that is to say that he is an example of what Wayne C. Booth calls the «unreliable narrator.» In this view, Pascual, perfectly aware of his duplicity and cowardice, his written confession a camouflage for the bitter truth, deliberately attempts to mislead the reader in order to create a more favorable picture of himself as an innocent victim of circumstances. But the truth is quite other, argues Professor Beck. «To take the law into one's own hands...constitutes an act of volition and for that, inevitably, one must choose. And if there is choice, one is not a victim.»[12] Professor Beck reinforces her interpretation of the spuriousness of Pascual's victimization by reporting a comment of Cela to the effect that an averagely normal man is always responsible for his acts.[13] But in his acts Pascual Duarte is anything but «medianamente normal.» As Cela wrote in retrospective consideration of his creation «it is not easy to apply the norm to the abnormal.»[14] Similarly, D. W. McPheeters arrives at the conclusion that while «Pascual is not a psychopathic killer» his protestations of innocence can be taken as «rather broad irony.»[15] This is another case of a substantial interpretation of the character as a guileful, deceptively (if not self-deceptively) cunning criminal, and a reduction of the novel to the level of melodrama.

Pascual Duarte is both normal and abnormal, an essentially well-meaning man driven to violence by what Ilie classifies as an «inseguridad básica» (p. 52) that reaches the level of the pathological.

The pattern of Pascual's behavior adheres closely to that of the pathologically insecure individual described by R. D. Laing as suffering from «existential» or «ontological» insecurity, «a schizoid state that can be understood as an attempt to preserve a being that is precariously structured.» Particularly pertinent is Laingian analysis as an explanation of Pascual's overreacting to the look of his dog Chispa, the victim of his blind rage («La perrilla se sentaba enfrente de mí, sobre sus dos patas de atrás y me miraba...la perra volvió a echarse frente a mí y volvió a mirarme; ahora me doy cuenta de que tenía la mirada de los confesores, escrutadora y fria»[16] and, indeed, to the look of all his victims («el día llegará y en el día no podremos aguantar su mirada, esa mirada que en nosotros se clavará aún sin creerlo» (p. 117). Says Laing: «to the schizoid individual every pair of eyes is a Medusa's head which he feels has the power actually to kill or deaden something precariously vital in him.»[17]

Where Pascual's conduct most strikingly conforms to the Laingian interpretation is, as the title of the novel indicates, as an example of the influence of his own family. Pascual's irrational behavior is the result of fearful feelings of inadequacy exacerbated into festering growth by the lack of human warmth and affection on the part of his own immediate kin, his need of compassion and understanding frustrated in abortive attempts on his own part (to his little brother, his children, his sister) or denied him by his unnatural mother. The absence, above all, of maternal instincts on the mother's part, especially when she fails to cry on the death of his brother Mario («secas debiera tener las entrañas una mujer con corazón tan duro») converts him stage by stage into her hated enemy, «en un enemigo rabioso, que no hay peor odio que el de la misma sangre». Says Dr. Laing: «a necessary component in the development of self is the experience of oneself as a person under the loving eye of the mother...It may be that a failure of responsiveness on the mother's part to one or other aspect of the infant's being will have important consequences» (p. 116).

It is his lack of self-assurance, his fearful feelings of inferiority towards others, that drives Pascual to submit to the masculine code of conduct that prevails in his particular milieu, a concept of *machismo* that makes him, contrary to his own better impulses, cease kissing the cleric's ring (an act not worthy of a man, says his wife), that forces him to struggle against the temptation to burst into tears when under stress or to be apologetic when he does so, that leads him to commit murder when he is taunted about his lack of manhood. It even characterizes his conquest of his wife Lola in what amounts to a virtual rape («una lucha feroz», he calls it. «¿Es esto lo que quieres?», he asks her after their first, violent sexual encounter. And she replies with gusto «¡Sí!» *[p. 68].*)

But if Pascual's conduct is dictated by the mores of his milieu, he submits to brute force also because he lacks the resoluteness to follow his own natural impulses to tenderness, to the actual avoidance of violence (he has, for example, to be goaded beyond endurance by El Estirao before resorting to action). Yet despite his violence, his brutality, his cowardice, Pascual Duarte demonstrates a certain nobility of character as he struggles against his fate. He is both victim and hero.

How the apparently contradictory combination of wilfullness and victimization operates in the tragic hero has been subtly analyzed by Ortega y Gasset, for whom «Es esencial al héroe querer su trágico destino.»[18] The heroism of the tragic character, argues Ortega, does not stem from the fact that he is an unwilling victim of a hostile fate but that he goes voluntarily and even resolutely to meet the destiny he knows awaits him. He is the target of fate but acquires heroic stature by making his destiny coincide with his will.

The applicability of this concept to the behavior of the unheroic hero who is Pascual Duarte could not be more appropriately confirmed than in his own chilling account of the murder of his mother, a striking confirmation of the ambivalence of the tragic hero which cannot be lamely reduced to a case of temporality, to the alternation between past violence and present calm, repentant recollection. In fact, rather than simple recollection it is an intricate entanglement of recall and anticipation, of resistance and determination. First comes the blood-curdling rehearsal of the crime, the premeditation, a remarkably self-fulfilling prophecy in which Pascual both courts and struggles against his fate, proclaiming the responsibility of the criminal and yet his powerlessness to resist a destiny which will inexorably impose on him the very same pattern in the drama of death he foresees:

> Se mata sin pensar, bien probado lo tengo; a veces, sin querer. Se odia, se odia intensamente, ferozmente, y se abre la navaja, y con ella bien abierta se llega, descalzo, hasta la cama donde duerme el enemigo. Es de

noche, pero por la ventana entra el claror de la luna; se ve bien. Sobre la cama está echado el muerto, el que va a ser el muerto...
   Pero no se puede matar así; es de asesinos. Y uno piensa volver sobre sus pasos, desandar lo ya andado. No, no es posible. Todo está muy pensado; es un instante, un corto instante y después...
   Pero tampoco es posible volverse atrás. (p. 117)

And then this inextricable mixture of fatality and wilfullness brings about the actual slaying:

> Era algo fatal que había de venir y que venía, que yo había de causar y que no podía evitar aunque quisiera, porque me parecía imposible cambiar de opinión, volverme atrás, evitar lo que ahora daría una mano porque no hubiera ocurrido, pero que entonces gozaba en provocar con el mismo cálculo y la misma meditación por lo menos con los que un labrador emplearía para pensar en sus trigales. (p. 178).

It is by no means incidental in this fine balancing of individual reponsibility and the force of destiny that the actual assassination, which he nevertheless admits to «*provoking,*» should hinge on the fatality of circumstances, when the murderer is on the very point of abandoning his proposed crime: «Di la vuelta para marchar. El suelo crujía. Mi madre se revolvió en la cama.—¿Quién anda ahí? Entonces sí que ya no había solución» (p. 175).

It is in the light of this inseparability of will and fate that the seeming strangeness of the conduct of Pascual Duarte assumes its own logic as the abortive attempts of a man to avoid his fate but whose weakness of character invites the very tragedy he seeks to flee, who stumbles into disasters that in a sense he subconsciously pursues. Thus it is that Pascual's unnecessary absences on lengthy travels—absences, as Juan Luis Alborg justly claims,[19] that make virtually inevitable the unfaithfulness of the wife he has left behind and the subsequent slaying of his rival—can be seen as desperate attempts to avoid confrontation and violence but attempts that actually prompt the feared dénouements. Another instance of contraproductive behavior by a self-willed victim of fate, another virtual invitation to disaster, is Pascual's negligence in permitting the pregnant Lola to ride a spirited mare, who then pays the ultimate bloody penalty for her ensuing miscarriage.

If the ambivalence of the unheroic hero is the key to the duplicity of the character, it also goes a considerable way towards explaining the apparent discrepancy between the humble background of the character and the subtlety of his language, the yawning gap between his cultural deprivation and a style that combines philosophic irony with a poetic elegance, a language ill-befitting one who left school at twelve years of age, as Ilie and others have pointed out. Even making allowance for the fact that Pascual formulates his opinions and gives vent to his feeling in terms of comparison that would come naturally to a rustic, the articulate quality of his expression, at times even its intricate delicacy, seem out of keeping with the characterization of Duarte as an incoherent man constantly so baffled by words, so cowed by the articulateness of others, that he feels impelled to resort to violence as an alternative to speech. His genuine awe of words is revealed on repeated occasions. On his honeymoon, for example, he is left in open-mouthed astonishment at the stream of insults (uttered «a tal velocidad y empleando unas palabras tan rebuscadas que yo me quedé a menos de la mitad de lo que dijeron») spewed out in a street fight in which the opposing parties incredibly «no hicieron siquiera ademán de llegar a las manos» (p. 136); and, on another occasion in which he does attempt to defend himself verbally, he comes off so badly («a mí me ganaba por la palabra») that he swears he will never again make the same error, classifying it as «la única pelea que perdí por no irme a mi terreno» (p. 52). Again, when he returns from prison only to have his joy at being free crushed by the curt indifference of the station master, it is to his eternal enemy, words, that he ascribes this new humiliation: «Iba triste, muy triste; toda mi alegría la matara el señor Gregorio con sus tristes palabras» (p. 155)

There is, however, an explanation for the rough but tender eloquence of Pascual Duarte's confession which is completely in keeping with the character's second nature, that of the sensitive sentimentalist, and with his situation. «You can count on a murderer for a fancy prose style,» said another condemned killer, Humbert Humbert, in Nabokov's *Lolita*. The opportunity to compose the story of one's life in the calm and security of a death-cell lends itself to the temptation, as this other murderer suggests, to weave an elaborate word-picture around the ugly facts of existence. And in

no case could this be more enticing an attraction than to one (albeit no intellectual, like Nabokov's character) intimidated by words...in the mouth of others. For there is all the difference in the world between being a victim of language and its undisputed master, safe in seclusion from any possible rebuttal or humiliating riposte. This authorial freedom from verbal reprisal, this liberation from the fear of others, provides the *orally* inarticulate Pascual with his verbal revenge, a recourse to the power of words that is also his opportunity for self-rehabilitation, as he reveals to the world—and to himself—another dimension of his personality, that of a reflective, essentially decent, man.

The ambivalence towards language of Pascual is also that of the author. For Pascual, the composer of his own confessions, the author within the novel, duplicates the dilemma of the writer of novels who must reconcile truth (the illusion of truth) with fictional pretense, sincerity with the artfulness of style, a problem which will beset many a twentieth century novelist.

The double portrayal of the good but evil Pascual, the heroic coward or cowardly hero, the sentimental brute, is shown to be not just a delusion in the mind of the character himself, for it is confirmed in the divergent interpretations of two outside witnesses to his hanging: the prison chaplain and a corporal of the Guardia Civil. One rings the praises of the «aplomo y serenidad,» the «edificante humildad,» with which the condemned man goes to his end, an end, he says, unfortunately marred by his last moments, and the other disdainfully gives an unedifying version of the coward who faints at the sight of the gallows and dies «de la manera más ruin y baja que un hombre puede terminar, demostrando a todos su miedo a la muerte.» Two accounts which the author pertinently labels «Una. Y la otra,» their ambiguity further compounded by the element of enigma contributed in the transcriber's lament at «la falta absoluta de datos de los últimos años de Pascual Duarte.»

The conflicting visions of the nature of Pascual Duarte[20] are the product of two different ways of appraising human character, both firmly anchored in Spanish tradition: one which demands that an individual be judged by his conduct—the Cervantine «cada uno es hijo de sus obras» brought up-to-date—and one which gives more weight to the inner man, to the potentialities of character, whether they have been realized or not—the Unamunian principle that one should be judged «por el que hayamos querido ser, no por el que hayamos sido,» for the one that one wishes to be or would have liked to be is the real person.[21]

To the question, therefore, of whether Pascual Duarte is good or bad, hero or coward, victim of fate or the hewer of his own destiny, the novel's ambivalence replies not with an either-or criterion but with an assertion of both-and. Pascual is both a lamb (a «Pascal» lamb) and a hyena, as he is variously categorized in the postscripts, he is both lying to himself and to the reader and yet baring his soul, he is both better than his victims, as Marañón suggests,[22] and worse, basically normal yet with psychopathic tendencies. It is not a case of alternatives but of Pascual's «dos caras», as Zamora Vicente says.[23]

However, if both points of view are valid they are so only when taken together. The application of one criterion to the exclusion of the other makes for falsification. To judge a man only by his acts, failing to take into account his inner aspirations, or, conversely, ignoring his conduct to identify him entirely with his impulses, especially when these are aborted, is not to do justice to the truth. But what is the truth? To apply both criteria, even jointly, does not mean that one can arrive at a mathematically precise identification. For Cela, no less than for Unamuno, who rejected the «inagotable ingenio combinatorio» he assigned to one of his own unhappy characters in favor of an «impetu confusionista e indefinicionista»[24], human reality escapes comfortable definitions. And so Cela refrains from passing judgment, declining to coordinate the disparate perspectives of his creation. The contrary versions of Pascual Duarte are left unresolved, and intentionally so. That is ambiguity, an ambiguity which assumes the force of an esthetic principle, as the evaluation of the character, the resolution of the enigma of the novel, is left to the reader. It is a creative approach, for ambiguity lends to the analytic, calculating aspect of ambivalence a human quality, that of the elusive contradictoriness of the living organism, and transforms what could have the appearance of documentation into literature, raising the work to the level of art.

The double view of Pascual explains both his condemnation by society and the self-defense offered by the character himself. His claim to innocence at the very outset of his confession, his insistence that «Yo, señor, no soy malo, aunque no me faltarían motivos para serlo» (a disculpation which is not without literary precedent in the Spanish novel[25]) is not mere hypocrisy but the cry of anguish of one who has struggled long but ineffectually against his own baser impulses. On the other hand, judged by his acts Pascual undeniably appears evil, a social scourge whose conduct is a model not to imitate but to flee from, as the note of the transcriber has it. And this moral lesson is not to be dismissed as simply a sop to censorship, as has been suggested. As a negative model of conduct Pascual Duarte shows what happens to man when his civilizing restraints are removed. That the inspiration for this lesson was still fresh in the minds of both author and public in the recent experience of the Spanish Civil War, a conflict whose ferocious violence is a matter of rēcord, is a natural inference, particularly in view of the date of publication of the novel so soon after the war's conclusion. That would seem to be confirmed also by the author in a later novel, *San Camilo 1936* (1969), Cela's fictional self-revelation on his name day viewed retrospectively on the eve of the Spanish holocaust. There, in terms highly reminiscent of those applied to the protagonist of *La familia de Pascual Duarte* by the priest as «un manso cordero, acorralado y asustado por la vida,» he writes that «un animal acorralado se ciega y no distingue la verdad de la mentira, la verdad es el luio de los fuertes y el hombre es un animal débil y acorralado.»[26]

The historical application of *La familia de Pascual Duarte* is, however, oblique, by implication or inference, not direct but in the form of a parable. To seek, therefore, to attach to the killing of Don Jesús González de la Riva, Conde de Torremejía, the key to the novel and an essentially explicit reference to the Civil War, a reading which leads Gonzalo Sobejano to interpret the «familia» of the title as «la familia social, la sociedad española»,[27] is to overlook entirely the novel's ambivalence and ultimate and intentional ambiguity.

Another critic, also attributing to the killing of don Jesús a central significance in the narrative, argues that it is this act alone which transforms the beleaguered Pascual from victim into tragic hero. For, says Juan María Marín Martínez,[28] in slaying don Jesús, one of the privileged of society, representative of those on whom fortune has smiled, Pascual destroys that fate which would separate men inexorably into those who walk «el camino de las flores» and others «el camino de los cardos.» By thus thwarting the designs of fate, which had destined men like don Jesús for a happy end, Pascual has been able to «afirmar su libérrima grandeza humana,»[29] argues Marín, and hence to become an authentic tragic hero. Once again, this is a unilateral interpretation of the character and his actions that ignores the complexity of his existence, of all existence. For if by interfering with the preordained fate of another Pascual undermines the force of destiny, it is equally true that by this same act he subjects himself to the very fate that had been reserved for him. For it is for the killing of don Jesús, and not for his other crimes, that he is finally condemned and ignominiously comes to his end. Once more a case of ambivalence: Pascual is both hero *and* victim, a heroic victim, a victimized hero. And also a case of ambiguity.

The speculation over the mystery surrounding the death of don Jesús and of the meaning of the dedication of the document to one «quien al irlo a rematar el autor de este escrito, le llamó Pascualillo y sonreía» is therefore ultimately beside the point. For if the dedication is mystifying it is intentionally so, a symbolic token of the fundamental ambiguity of the novel. And this is not the only occasion on which this same author has recourse to what Marín calls a type of «obra abierta, incompleta».[30] The open-ended form, a device calculated to deny the work the appearance of a neatly-contrived narration which ties up all the loose ends and satisfies the curiosity of the reader, is employed by Cela also in *La colmena* (1951), in which the ambiguity of the enigmatic, unexplained ending serves effectively as a counterfoil to the quasi-documentary nature of the picture of life in post-Civil War Spain that the novel offers.[31]

The difference between ambivalence and ambiguity and their relationship in Cela's esthetics is effectively demonstrated in the question of the style of Pascual Duarte's confessions. The dual attitude towards language of the character, his fear of words and yet his enthusiastic recourse to them, does not, of course, ultimately account for the mastery of expression that Pascual demonstrates. Duality is finally «resolved» in duplicity, as ambivalence leads to ambiguity. This is accomplished once more by the purposely unresolved double interpretation offered, with the effrontery of simple continuity, in the introductory note of the transcriber. Writes the latter: «Quiero dejar bien patente desde el primer momento que en la obra que hoy presento al curioso lector no me pertenece sino la transcripción; no he corregido ni añadido ni una tilde, porque he querido respetar el relato hasta en su estilo» (pp. 17-18). But then he goes on to add: «He preferido, en aglunos pasajes demasiado crudos de la obra, usar de la tijera y cortar por lo sano; el procedimiento priva, evidentemente, al lector de conocer algunos pequeños detalles—que nada pierde con ignorar—; pero presenta, en cambio, la ventaja de evitar el que recaiga la vista en intimidades incluso repugnantes sobre las que—repito—me pareció más conveniente la poda que el pulido» (p. 18). It is clearly useless to seek to resolve the inherent but intentional contradiction of the document-left-intact-which-has-admittedly-been-tampered-with.

What, then, is the final significance of the ambivalent ambiguity—or ambiguous ambivalence—of *La familia de Pascual Duarte?* It is a striking exemplification of what Roland Barthes calls the «fatal duplicity of the writer, who interrogates under the guise of affirming» (a position to which must correspond the «duplicity of the critic, who answers under the guise of interrogating»[32]). The assertion of the critic corresponds to the «allusion» of the work, for literature, maintains this critic, is at one and the same time meaning offered and meaning withheld («sens posé et sens décu»). The work of art is not a self-contained entity, encasing in itself an unchanging significance, but poses questions that each age will answer in its own way and with its own concepts and language.[33] It is for that reason, in the last analysis, that the writer must abstain from answering his own «indirect interrogation» and that the work must essentially and ultimately appear an enigma. «Ecrire», says Barthes, «c'est ébranler le sens du monde, y disposer une interrogation *indirecte,* a laquelle l'écrivain, par un dernier suspens, s'abstient de répondre.»[34]

NOTES

1. D. W. McPneeters, *Camilo José Cela* (New York, 1969), p. 38.
2. David W. Foster, *Forms of the Novel in the Work of Camilo José Cela* (Columbia Mo., 1967), p. 28.
3. Paul Ilie, *La novelística de Camilo José Cela* (Madrid, 1971), p. 49.
4. Gregorio Marañón, «Prologo a *La familia de Pascual Duarte*», Insula 5 (1946), 1, 3.
5. D. Pérez Minik, *Novelistas españoles de los siglos XIX y XX* (Madrid, 1957),

p. 264.
6. Robert C. Spires, «Systematic Doubt: The Moral Art of *La familia de Pascual Duarte*». *Hispanic Review* 40 (1972), 283-302.
7. *Idem.*, p. 301, n. 14.
8. *Idem, La novela española de posguerra* (Madrid-Kansas, 1978), p. 25: «el tono fluctúa entre lo irónico y lo sincero, y de esta fluctuación tonal surge la dinámica de la novela.»
9. *Idem.*, «ambivalencia temporal», pp. 32, 37, 40.
10. Spire's version of «temporal ambivalence» is anticipated by Paul Ilie's statement that «en general, todos los «estados de ánimo» experimentados por Pascual corresponden a la situación de remembranza durante su período de internamiento» (p. 48).
11. Mary Ann Beck, «Nuevo encuentro con «La familia de Pascual Duarte»,» *Revista Hispánica Moderna,* 30 (1964), 279-98.
12. Even Spires submits to a view of this «contradiction» between the «apparent resignation and repentance» of the narrator and his inability to «resist the temptation to consider himself an innocent victim of fate» («Systematic Doubt...», p. 292).
13. Quoted by Beck from Mariano Gómez Santos, *Diálogos españoles* (Madrid, 1958), p. 36.
14. Camilo José Cela, «Palabras ocasionales», preface to *La familia de Pascual Duarte,* ed. H. L. Boudreau and J. Kronik (New York, 1961), p. ix: «No es fácil aplicar la norma a lo anormal.»
15. McPheeters, p. 38.
16. Camilo Jose Cela, *La familia de Pascual Duarte* (Barcelona: Ediciones Destino, 1963), pp. 32-33. All quotes from the novel are from this edition.
17. R. D. Laing, *The Divided Self. An Existential Study in Sanity and Madness* (Baltimore, 1970), p. 43.
18. José Ortega y Gasset, «La tragedia,» *Meditaciones del Quijote* (1914).
19. J. L. Alborg, *Hora actual de la novela española,* Vol. 1 (Madrid, 1958), p. 86.
20. It would perhaps be too tempting to read into Pascual's surname («Du-arte») a reference to this duality of character.
21. «Prólogo II», *Tres novelas ejemplares y un prólogo.*
22. See n. 4, above.
23. Alonse Zamora Vicente, *Camilo José Cela (Acercamiento a un escritor)* (Madrid, 1962), p. 48; «la ruidosa y primeriza, y la sosegada e íntima.» But then Zamora takes sides by adding «que es la que más nos importa.»
24. The character in question is don Fulgencio Entrambosmares in *Amor y Pedagogía.* See «Prólogo» to *Niebla.*
25. Isidora Rufete in ch. 30 of Galdós's *La desheredada* declares that «Yo no soy mala. Es que las circunstancias me obligan a parecerlo.»
26. Camilo José Cela, *Vísperas, festividad y octava de San Camilo del año 1936 en*

Madrid (1969), Pt. 3, ch. 3.
27. Gonzalo Sobejano, *Novela española de nuestro tiempo* (Madrid, 1955), p. 83.
Also inclining to this view are J. M. Castellet, «Iniciación a la obra narrativa de Camilo José Cela», *Revista Hispánica Moderna,* 28 (1962), 107-50, and David Feldman, «Camilo José Cela and *La familia de Pascual Duarte», Hispania,* 44 (1961), 656-59.
28. Juan María Marín Martínez, «Sentido último de *La familia de Pascual Duarte», Cuadernos Hispanoamericanos,* 337-38 (julio-agosto, 1978), 90-98.
29. *Idem.,* p. 90.
30. *Idem.*
31. The novel ends as Martín Marcos pockets the newspaper he has been reading without noticing an item referring to him which has caused considerable alarm to his friends. The item is not explained nor cited.
32. Roland Barthes, «Avant-Propos», *Sur Racine* (Paris, 1960): «il faut qu'a la duplicité fatale de l'écrivain, qui interroge sous couvert d'affirmer, corresponde la duplicité du critique, qui répond sous couvert d'interroger.»
33. An analogous idea has been advanced by Azorín in his «revisión de valores.» In his *Memorias inmemoriales* Azorín writes that «Al leer un autor antiguo dilecto, sin darnos cuenta, transferimos el estado de nuestro espíritu, cuando leemos un moderno, al autor antiguo. Se puede decir, por tanto, que los modernos, poetas o novelistas, hacen revivir a los antiguos.»
34. Barthes, *loc. cit.*

DE DARIO Y JIMENEZ
(UN AUTOGRAFO FECHADO Y ALGUNAS ANOTACIONES)

LUIS MONGUIO
Emeritus, *University of California, Berkeley* y
State University of New York, Albany

Conocida es la admiración y el cariño del joven Juan Ramón Jiménez por Rubén Darío, «el primer poeta de los que hoy escriben en castellano,» y los estímulos y la amistad que éste, en la plenitud de sus poderes poéticos, dispensó al iniciado de *Ninfeas,* «uno de los espíritus jóvenes más nobles, más brillantes y más puros que he conocido.» Hace ya un cuarto de siglo Donald F. Fogelquist dedicó un erudito estudio a esa relación y a la correspondencia entre ambos escritores.[1]

En una carta de 1902 a Darío, que se hallaba en París, le decía Jiménez: «Un día de estos le enviaré mi ejemplar de *Prosas profanas* para que me ponga usted su firma; es por el placer de tener dedicado un libro tan bello;» y le reiteraba en otra ya de 1903: «Me alegrará infinito el ver pronto sus *Prosas* con la primera página de que me habla. Este ejemplar será un tesoro.» El cuatro de julio no le había devuelto todavía Darío a Juan Ramón su volumen, cuyo envío le anuncia por fin el veinte de octubre de 1903: «Le envié las *Prosas* con algo de mis nuevas ideas;» y anota Fogelquist: «instead of the conventional autograph he had written a poem on the title page of the book. This poem, dedicated to Juan Ramón Jiménez, was the now famous 'Torres de Dios! Poetas!'»[2]

Verdadero tesoro, según ya el propio Juan Ramón exclamaba, ha de ser un ejemplar de *Prosas profanas* decorado con un autógrafo de Darío; tesoro, por fortuna, preservado por el buen cuidado del poeta español, y acrecentado además con otra nota, autógrafa suya, y con varias indicaciones de su frecuentación del texto. Hállase hoy esta joya bibliográfica en la Biblioteca del Congreso de los Estados Unidos, en Washington, D. C., a la que fue regalada por Jiménez el treinta de setiembre de 1949, y que la conserva en su sección de libros raros bajo la signatura PQ7519-.D3P7-1901-Rare Book Collection. Se trata de un ejemplar de la edición parisina, de 1901, por la editorial Librería de la Vda. de C. Bouret, de *Prosas profanas,* segunda del libro tras la original de Buenos Aires, 1896, pero con adiciones, y repetidamente descrita en las bibliografías. Este ejemplar conserva sus tapas de tela roja y letras doradas.

En el verso de la cubierta o página de título (title page) dice del puño y letra del autor de *Platero:*

A la *Biblioteca / del Congreso,* / de Washington; / este ejemplar de / *Prosas profanas* / que R D me regaló / con tan soberbia de- / dicatoria poemática, / cuando yo era un muchacho. / [firmado] Juan Ramón Jiménez. / (Washington, / Set. / 49 [no cierra el paréntesis] / En ella está mejor / guardado; ya que en / mi casa de Madrid / me robó la indig- / nidad buena parte / de los manuscritos / de R.D. ///

De la correspondencia antes señalada parece resultar que el ejemplar en cuestión era de Juan Ramón que se lo mandó a Darío en 1902 para que se lo firmara; pero en 1949 escribía que se lo había regalado Rubén Darío; pudiera haberle sido dado el volumen con anterioridad por su autor, como lo fue luego—precioso obsequio—el autógrafo que lo adorna de retorno para el poeta de veintidós años.

No debe extrañar en la nota juanramoniana el dejo de amargura de su alusión al robo, en aciagas circunstancias y de su casa de Madrid, de manuscritos de Darío. Sabido es por un artículo suyo en *El Sol,* de la capital española, del diecisiete de febrero de 1922, donde los menciona, que Juan Ramón poseía, si no más, otros veintidós de poemas incluidos en *Cantos de vida y esperanza* (Madrid, 1905), entre los que figuraban nada menos que «Spes,» «Los cisnes» (precisamente a él dedicado), los «Nocturnos» ('Quiero expresar mi angustia en versos que abolida' y 'Los auscultasteis el corazón de la noche'), «El verso sutil que pasa o se posa,» «Divina Psiquis,» «A Phocas el campesino» y «Carne, celeste carne de la mujer! ¡Arcilla!»

A continuación, en la hoja de media portada (short-title page), recto y verso, aparece de puño y letra de Darío el texto de «Torres de Dios! Poetas!,» hasta el verso catorce, es decir, el inicial sexteto simétrico y dos cuartetos en el recto y desde el quince hasta el ventidós, los dos cuartetos últimos, en el anverso de la hoja. Va allí firmado, «Rubén Darío» y, al calce, a la izquierda, fechado «Paris 1903.»

El autógrafo no ofrece variantes textuales respecto del impreso dos años más tarde en *Cantos de vida y esperanza*. En el manuscrito Darío comienza toda palabra inicial de verso con mayúscula, no marca la apertura de las admiraciones con el respectivo signo, olvida el punto final al acabar el tercer cuarteto y tampoco hay signo de puntuación alguno tras el verso «Torres, poned al pabellón sonrisa.» En las palabras «La Mágica Esperanza» que comienzan la segunda estrofa escribe con mayúscula la primera letra tanto del sustantivo como del adjetivo. Estas mismas palabras, «La Mágica Esperanza,» las había escrito primero muy hacia la derecha de la página y luego de tacharlas allí reinicia con ellas el cuarteto, alineándolo al mismo margen de los versos anteriores y los siguientes.

El autógrafo, en fin, va fechado en París y 1903. Con toda certeza es, pues, de ese año y lugar, sin más detalles. Resulta así en dos años anterior a la publicación del poema en 1905, única data de él hasta ahora generalmente conocida. Pero de la carta de Darío a Juan Ramón de cuatro de julio de 1903 se deduce que no le había devuelto todavía el ejemplar del libro en que lo inscribió como, en cambio, de la de veinte de octubre de ese mismo año resulta que ya se lo había remitido. Quizás pueda deducirse de ello que «Torres de Dios! Poetas!» se escribiera, si lo fue especialmente para Jiménez, entre julio y octubre de 1903. Sin embargo, ya antes de julio debía haberle Darío mencionado a Juan Ramón, en alguna misiva que no se ha conservado, que le mandaría su volumen «con la primera página de que me habla»; pudiera también, pues, haber tenido el poema en elaboración antes de julio aunque esto parecería contrario a la conocida costumbre de Darío de escribir rápidamente sus poesías. Minucias todo, se dirá; pero que, a mi ver, importan e importan tanto más cuanto éste es uno de los poemas fundamentales de Rubén sobre la poesía. Jorge Guillén ha dicho (cito de memoria pero no creo traicionarlo) que el hombre en su trayectoria hacia la muerte quiere dejar algo tras sí, que si es artista ese algo es su expresión, y que en un poeta el supremo tema de la expresión es la poesía misma, el verdadero sentido para él de su ciclo vital, la gracia de la vida vivida hasta sus límites—la poesía. Para Darío tan plagado de dudas, ésta era sin duda la única certeza y «Torres de Dios! Poetas!» uno de los más profundos, y brillantes, testamentos de su verdad. Y un ápice de información ha sido añadido—gracias al cuidado de Juan Ramón—al aparato crítico para una poética de Darío, de la que este poema es objeto central y vivo.

Aparecen por fin en muchas páginas del libro, a lápiz, llamadas marginales o subrayados, a veces temblorosos. Demasiados en número para detallarlos aquí, merecen cuidado examen. Más brevemente, pueden indicarse ahora nueve poemas de las *Prosas profanas* de 1901 marcados al principio con una letra «B» mayúscula, también a lápiz, y de la caligrafía de Juan Ramón. Supongo que esa letra quiera decir «bueno» o «bien.» Figura en «Sonatina,» «Del campo,» «Margarita,» «El poeta pregunta por Stella,» «Elogio de la seguidilla,» «Año nuevo,» «Sinfonía en gris mayor,» «Cosas del Cid» y «Otro dezir ('Ponte el traje azul, que más').» «Elogio de la seguidilla» y «Cosas del Cid» pudieron atraer particularmente a Juan Ramón por su temática española. Tanto ellos como todos los demás mencionados son muy parnasianos en la factura y de vibración romántica en el espíritu, antitética combinación imposible en la Francia de Leconte de Lisle pero que es uno de los atractivos del misterio catalizador de Rubén Darío y sus plurales afinidades electivas. No debió tampoco dejar de impresionar a Jiménez, el del infalible oído para el verso castellano, el virtuosismo métrico y acústico de «Sonatina» y «Sinfonía en gris mayor,» la audacia de los octodecasílabos insertos en «El poeta pregunta por Stella» (como ese estupendo y final 'la hermana de Ligeia, por quien mi canto a veces es tan triste?») o los hexadecasílabos con quebrados tetrasilábicos de «Año nuevo.» Es conmovedor hallar estas pruebas materiales de la atenta frecuentación por un gran poeta de los versos de otro gran poeta, un clásico moderno, que fue su amigo.

NOTAS

1. Donald F. Fogelquist, *The Literary Collaboration and the Personal Correspondence of Rubén Darío and Juan Ramón Jiménez* (Coral Gables: University of Miami Press [University of Miami Hispanic American Studies, 13], 1956). Las dos citas supra a págs. 14 y 15.
2. *Ibid.*, págs. 15, 18, 19, y 38.

SOLITUDE AND COMMUNION IN *MIAU*

EVA MARGARITA NIETO
Occidental College

> Todos los hombres, en algún momento de su vida, se sienten solos: y más, todos los hombres están solos. Vivir, es separarnos del que fuimos para internarnos en el que vamos a ser, futuro extraño siempre. la soledad es el fondo último de la conciencia humana.
>
> Octavio Paz
> «La dialéctica de la soledad»[1]

Miau continues to be a challenging work because of the complexity of its problems and techniques. The symbolic title has been studied as a key to the metaphoric tension of both structure and characterization within the novel; Don Ramón de Villaamil's deplorable economic situation reveals the narrator's and the author's critical perception of the false and hypocritical urban society that surrounds him. Above all, his suicide, constructed as it is within a quasi-heretical (certainly not orthodox) interpretation of the mandate of the Almighty, has both fascinated and puzzled critics.[2] Yet all of these problems, character dehumanization and animalization, the critique of the social order and of contemporary history, and the frustration and alienation of the protagonist, are linked in some manner with the formal problems of narrative, dialogue and internal monologue for they are the visible modes of expression that open up the world of the novel.

In *Marxism and Form*, Frederic Jameson's analysis of Georg Lukacs' *Theory of the Novel*, he speaks of the typology that Lukacs formulates to define and differentiate narrative in order to find a practical (praxis) mode of existence for the narrative. By using the Hegelian concepts of the abstract ideal and the concrete reality, two categories appear: the first is the novel of abstract idealism and the second is the novel or romantic disillusionment.[3] In regard to the latter, Jameson comments on Lukacs' perception of the change of focus that delineates the structure and form of the modern novel:

> ...at this point Lukacs makes one of his most remarkable observations (and it has often been pointed out that in this he anticipates the whole direction of the modern novel at a time—1914—when it was just coming into being). For whereas, the external world of the earlier novel form was primarily spatial, whereas the hero's experience of such a world took geographical space, now in the novel of romantic disillusionment, the dominant mode of being, of external reality will be time itself.[4]

In shifting the focus of the narrative away from space and into time, life and action may be relegated to hope and memory. According to Jameson, the world in the present «always defeats the hero, frustrates his longing for reconciliation: yet when he remembers his failure, paradoxically he is at one with it.»[5]

The dual problem, time = anguish (memory, frustration) and time narrative (the telling of the above time) offers another equation on another plane: time = failure for the protagonist, unable to fight against the enormity of the present; and time = success for the narrator-author who can concretize this abstract internal problem through narrative. The use of time, to tell, narrate and re-create the example of the life and reality of the protagonist permits the narrator to fulfill the ultimate meaning and *raison d'etre* of the novelistic form, that is, the exemplification of life in the concrete representation of the novel.

This conflictive meaning of time (a dialectic between the external time shared by the creator-narrator and the reader, opposed to the temporal reality re-created within the work, i.e. the time of the protagonist) is an ironic dimension of narrative which contrasts to the dramatic and epic forms. The creator's will gives meaning to an outside experience, the creation of which is a triumph, while the life within the narrative is not.[6]

Lukacs' interpretation of Hegel's concept of the dialectical opposition between the abstract and the concrete also offers, according to Jameson, a strong parallel with the contemporary concept of alienation, for the dialectical structure of the experience serves as a perception of what it is in terms of its being (is) and its nothing (what it is not). The abstract and the alienated are signs for the same object, the difference between them being, as Jameson notes, that alienation makes no provision for the *what is* of the experience.[7]

Whereas the latter concept may also be applied to the first of the typological categories (for example, the case of the Picaresque), it is the relationship between the three premises which I have discussed, the concept of the temporally posited novel, the quality of its ironic mode of existence and the concept of alienation, that offer to shed new light on *Miau*.

The characters within the novel fall into four distinct groups: the female «Miau's», Doña Pura, Milagros and Abelarda make up a communicative collective substructure; they interact among themselves and with the second larger group, Ponce, Pantoja, Federico Ruiz, his wife and the rest of the *tertulia*. This group in turn interacts with the wider dimension of the society in the novel, the ministers, bureaucrats and administrators upon whose willful intentions, the fate of the family lies. This interaction relates the entire spectrum back to the foci of the novel, Don Ramón de Villaamil, Luisito Cadalso, and Victor Cadalso. Whereas the latter is Don Ramón's antagonist and adversary, his role within the structure of the novel is less well-drawn. It is possible that Victor's characterization might have been the preliminary sketch of a dramatic character. I suspect a strong parallel with the type of a dialectical structure through characterization that is visible in the theatrical works of Galdós. Within the scope of this narrative, however, he is often more described than truly active. For that reason, and because their particular roles so strongly exemplify the questions raised at the beginning of this study, I will focus on the opposing and complementary characters of Don Ramón de Villaamil and Luisito Cadalso.

In large measure, Don Ramón exemplifies the type of character alluded to in the discussion on Lukacs. He is old, frustrated, and unable to fight any longer against the obstacles that the prevailing non-ethical society has put in his path. Luisito, on the other hand, is a child; his innocence permits him to perceive the reality that surrounds him; yet he mitigates its sordidness with an unfailing optimism even while confronting its fatal terrors.

It is Luisito, presented indirectly through the novel's narrator who leads the reader into the world of the «Miau's». The opening paragraph identifies him among the group of schoolboys leaving their classroom for the day:

> Entre ellos había uno de menguada estatura, que se apartó de la bandada para emprender sólo y calladito el camino de su casa. Y apenas notado por sus compañeros aquel apartamiento, que más bien parecía huida, fueron tras él y le acosaron con burlas y cuchflistas, no del mejor gusto.[8]

Despite Luisito's timidity, he is never alone in the novel. His subsequent conversations with Murillo, his classmate, with the family's neighbors, the Mendizábal, and with the family matriarch Doña Pura, serve to situate Luisito in his world while at the same time providing the reader insights into the cast of characters and acquainting him with the inherent problems confronting them. But despite the narrator's intrusion in presenting and describing each new character in this expository first chapter, Luisito constantly enters into dialogue with them. It is this relationship through dialogue that serves as a key to the dynamic process of this chapter.

In the case of Don Ramón, the situation is just the opposite. In contrast to the societal environment that surrounds Luisito and in which he acts and to which he reacts, the reader first perceives Don Ramón as a disembodied voice, a fragmented echo calling out from the depths of a darkened room: «Despedía la señora en la puerta al chiquillo, cuando de un aposento próximo a la entrada de la casa, salió una voz cavernosa y sepulcral que decía: —Puuura, Puuura.»[9]

A paragraph and a half later, after Doña Pura brings a lamp into the study, the totality of his presence is fully revealed. Here, as in the case of Dona Pura, the characterization of Don Ramón complements the feline description already begun and this too, is another extension of the dehumanized perception that the reader already has of the old man.

But it is in Don Ramón's first long speech, a quasi-response to Doña Pura's brief and commonplace question, «A ver. ¿A quién has escrito?» that the first example of the function of memory and frustration becomes evident. Battling against the failing afternoon light, a reference that sets into motion the dimension of time, he says: «...se anochece antes de que uno quisiera...» and then relates his long afternoon of letter writing to acquaintances in high places for the purpose of asking favors and begging for loans. It is here, however, that he also alludes to his past, to his memories of favors once granted and now forgotten: «...Pues ese ingrato, ese olvidadizo, a quien tuve yo de escribiente siendo yo jefe de negociado...tiene la poca delicadeza de mandarme medio duro.»[10] What we have before us is not a conversational response. It is a rhetorical condemnation of the present, seen from the point of view of Don Ramón's desolate situation, from the perspective of his once comfortable past career in government service, and with invectives toward the malevolent and unyielding bureaucracy that frustrates his possible re-employment. As the communicative world of dialogue becomes the key to the characterization of Luisito, Don Ramón begins a series of lonely speeches that create and reflect the reality in which he lives, a world of anxieties, of endless reproaches, of nostalgic memories and of a lack of comprehension or understanding of what is being said around him. For while he seemingly moves through space, from his home to the ministries and through the squares and streets of Madrid, the true center of his action and of his being lies within him, within the limits and expansions of a time remembered and of an agonic present.

    The keys that appear in this chapter also establish a dialectical constant between Luisito and Don Ramón which will continue throughout the novel. For if one represents the frustrated present perceived from the perspective of the what-might-have-been, born of age and experience, the other, the young innocent, lives in a world of anguished discoveries, still searching for the response that brings hope to the situation.

    Luisito's ability to communicate is manifested in two significant ways immediately after the opening chapter. In chapter II it consists of the verbal and non-verbal communication with Canelo, the dog, who seemingly understands his moods and troubles. In chapter III the reader shares the first of four extraordinary experiences consisting of Luisito's dialogue with God.

    It should be noted that the ambiguous personal history of the family gives rise to a possible naturalistic interpretation of these events. The theme of madness (or at least, of an inherited mental inbalance) is hinted at but never truly developed. Examples include the «Miau's» obsession with opera and their frustrated and vain operatic ambitions; the madness and death of Luisito's mother brought on by her frenzied passion for Victor Cadalso and by his ruthless treatment of her; Abelarda's vicious attack on Luisito, symptomatic of her own frustration and of her pent-up emotions; and finally, the rumors concerning Don Ramón's mental state, encourated by Victor's denigrating comments. However, considering Galdos' conception of «madness» and «unreason» in other works, and considering the general tradition of these two concepts in Spanish letters, Luisito's dialogue with God should be interpreted outside the rigid doctrine of the naturalistic aesthetic.[11]

The narrative backdrop of this event describes the physical effects and symptoms of the visionary state:

> Al entrar en la calle del Pueblo, iba ya Cadalsito tan fatigado que, para recobrar las fuerzas, se sentó...Y lo mismo fue sentarse...que sentirse acometido de un profundo sueño... Más bien era aquello como un desvanecimiento, no desconocido para el chiquillo, y que no verificaba sin que el tuviera conciencia de los extraños sentimientos precursores: «¡Contro! - pensó muy asustado - me va a dar aquello...va a dar, me da...»[12]

The personification of the God-like figure who foresees and advises Luisito casts new light on the social problems that are basic to the meaning of the work. Luisito's confidence in this figure leads to an immediate confession of the family's problems. The response however is not consistent with the *Deus ex machina* response that the reader might expect of an orthodox God-figure. In this case and in the ones that follow, God foresees and sympathizes, but cannot intercede. Indeed his initial appearance ends with the observation that «Están los tiempos muy malos.»

This personification, puzzling and complex as it seems, appears to be a visualization, an attempt at an ontological representation, and, as such, a concrete response to Luisito's incessant search for communication. In Octavio Paz' appendix to his first major essay, *El laberinto de la soledad,* quoted at the beginning of this study, he defines the dialectic of solitude, the response to the unilateral condition of solitude that dominates our life. In so doing, he refers to the world of the child, in which he (the child) attempts to communicate (to seek communion, reconciliation) with the world through animation and through the game of signs and names:

> Gracias al juego y a la imaginación, la naturaleza inerte de los adultos—una silla, un libro, un objeto cualquiera—adquiere de pronto vida propia. Por la virtud mágica del lenguaje o del gesto, del símbolo, o del acto, el niño crea un mundo viviente, en el que los objetos son capaces de responder a sus preguntas. El lenguaje, desnudo de sus significaciones intelectuales, deja de ser un conjunto de signos y vuelve a ser un delicado organismo de inmantación mágica. No hay distancia entre el nombre de la cosa y pronunciar una palabra es poner en movimiento a la realidad que designa. ... .
> Hablar vuelve a ser una actividad creadora de la realidad, esto es, una actividad poética. El niño, por virtud de su magia, crea un mundo a su imagen y resuelve así su soledad.[13]

In a phenomenological sense, Luisito's vision of God corresponds to a representative self-invention. The power of the need for communication, coupled with his still unsullied, still idealistic view of reality develops into the dialogue vision of this personification. More than an alter-ego, Luisito's God represents a compendium of traditional beliefs intermingled with an innocent understanding of his own personal shortcomings, the need to study more and to excell as a student and in this magic way, help to alleviate his grandfather's situation.

This manifestation of God, then, is not all-merciful; it represents Luisito's sensitive comprehension of the world around him and it also voices, along with Don Ramón, a critical and reproachful opinion of prevailing social values. In echoing this position, this God begins to approximate the definition that Lukacs has made concerning the role of the intercessor in the narrative *vis a vis* the epic of idealism, the problematic reality of the «Godless epic.»[14] Yet the most critical motive behind the conceptualization of this figure lies in Luisito's communication of his existence to Don Ramón and the influence of this event on the latter's suicide. For Luisito, through «God» or for him, voices the uneasy solution that has been a constant in Don Ramón's thoughts: that it would be better for him to die. Ironically, this conversation is one of the few to which Don Ramón pays attention. He listens and responds to Luisito and as a result he is seized and «blessed» with the idea of carrying out the «divine counsel.»

Normally Don Ramón is characterized by a lack of attention to the verbal world around him. Before Luisito's dialogue with God, Don Ramón's rhetorical and anguished monologues have dominated his voice within the novel. Moreover, the quality of incommunication is substantiated by the narrator's constant reference to «Villaamil, que nada de esto oía...» and, «sin esperar lo que Federico contestaba a esas expansiones calurosas...».[15] The constant reference to «pesimismo», «el infortunado Villaamil» and «ensimismamiento,» «ensimismado» adds to the projection of internal frustration. As such, Don Ramón progressively enclosed himself within his memory, frustration and agonic interiority, and finally escapes through his final state of solitude, suicide.

His last conversation, or dialogue, occurs at a tavern where he meets a group of military recruits. This dialogue exemplifies both his newly-discovered serenity and, as such, echoes the monologue pattern; at the same time it characterizes his inability to use language and mood to reach out to those around him. His response to the tavern keeper reflects these problems:

—No, si yo no he de volver. Mañana estaré muy lejos, amigo mío. Señores (volviéndose a los chicos y saludándoles sombrero en mano), conservarse.

Gracias: que les aproveche... Y no olviden lo que les he dicho...ser libres, ser independientes...como el aire. Veánme a mí. Me pongo al Estado por montera...Hasta ahora...
Salió arrastrando la capa y uno de los mozos se asomó a la puerta gritando:
Eh...abuelo, agárrese, que se cae...Abuelo que se le han quedado las narices. va acá!
Pero Villaamil no oía nada...[16]

The final two chapters (XLIII, XLIV) represent the climax of Villaamil's mental agitation and signal his approaching end. With the dramatic intensity of a stage monologue, the reader hears his voice, the projection of memories and of the irreversible past that has made the present so unbearable. These recollections, stimulated by his observation of some feeding birds, brings sharply into focus his hatred and disgust for his family, which he now views as representative of the hypocritical bourgeosie. And this scene seems to draw the work to a close by symbolically recapitulating the novel's opening paragraph in which schoolboys are compared to birds.

Don Ramón's progression through a solitude and loneliness terminates in alienation. he is a prisoner of his time, and his «madness» seems to indicate an inability to compromise. Lacking the innocence of Luisito, he is unable to invent the «other,» the complementary voice of solace. Lacking the mature dialectic of love that Octavio Paz defines as the communion-reconciliation available to man, Don Ramón seeks instead the absolute lonely state of death.

Yet, in light of what Jameson and Lukacs have stated concerning the existence of the novel, the decadence that produces this desolate state of being is a triumph for the narrator and the work. Indeed, the reader of the text, with its inherent dialectical problems, experiences the ethical posture of the novel, the debasement of the human condition as a result of materialistic and exploitive society. Don Ramón is both a product and a victim of that society, yet the modern reader from the perspective of his own time is capable of conceiving of the regeneration of society through humanistic values. This novel is an example of Galdós' modernity as it foreshadows tenets of human behavior, social condition and philosophical postures that extend beyond the limits of late nineteenth century Spanish realism. This «act of rebellion» is a structural model of social criticism conceived within a labyrinth of personal and historical time. It forces us as readers and critics into a new dialectic with the text and makes us aware of the complexities inherent in the work of Galdós.

NOTES

1. Octavio Paz, *El Laberinto de la soledad* (Mexico: Fondo de Cultura Económica, 1969), p. 175.
2. *Miau* has been the object of studies by the most widely known Galdosian critics among which are: Ricardo Gullón's edition including a preliminary study and

bibliography (Madrid: Revista de Occidente, 1967); Gustavo Correa, «La crucificación de Villaamil en la novela *Miau*» (in) *El simbolismo religioso en las novelas de Pérez Galdós* (Madrid: Gredos, 1962); Theodore A. Sackett, «The Meaning of *Miau*», *Anales Galdosianos,* 4 (1969), 25-38; *Anales Galdosianos,* 6 (1971), 50-51 presents a discussion on the various views on *Miau* as represented in studies and commentaries by Ricardo Gullón, R. J. Weber, Rodolfo Cardona, Geoffrey Ribbans, Theodore Sackett and Alexander A. Parker.

3. Federic Jameson, *Marxism and Form* (Princeton: Princeton Univ. Press, 1971), pp. 160-205.
4. *Ibid.,* p. 176.
5. *Ibid.,* p. 177.
6. *Ibid.,* p. 173.
7. *Ibid.,* p. 164.
8. Benito Pérez Galdós, *Miau* (Mexico: Ed. Porrúa, 1979).
9. *Ibid.,* p. 1.
10. *Ibid.,* p. 4.
11. One of the first works to deal with the Cervantine influence on Galdós (to which I am alluding) is: J. Warshaw, «Galdós' Indebtedness to Cervantes», *Hispania,* 16 (1933), 127-42. Also, Gustavo Correa, «Tradicion mistica y cervantismo en las novelas de Galdós» *Hispania,* 53 (1970), 842-51.
12. *Miau,* p. 9.
13. *El laberinto de la soledad.* pp. 182-83.
14. A recent and penetrating study on the problem of Hegelian theory and practice which also emphasizes the meanings of the God presence (Monotheism and Alienation) in the modern narrative as it relates to the exposé of social decadence is Julia Kristeva's «L'Experience et le Practique» (in) *Polylogue* (Paris: Ed. Seuil, 1977), pp. 107-36.
15. *Miau,* p. 131.
16. *Ibid.,* pp. 147-48.

CERNUDA Y LOS ROMANTICOS INGLESES

CARLOS-PEREGRIN OTERO
University of California, Los Angeles

La primera edición de *La realidad y el deseo* vio la luz el 1 de abril de 1936, y las expresiones de admiración no se hicieron esperar (tal era el nivel a que había llegado la apreciación de la poesía en España). Las voces más representativas del momento convergían en varios puntos capitales, entre ellos uno especialmente significativo para mi propósito. Citaré tan sólo tres de los juicios más destacados. El primero es de Juan Ramón Jiménez, y apareció en una nota publicada en *El Sol* el 26 de abril de aquel «año feliz» (la primavera no había hecho más que empezar): Para el autor de las nuevas *Rimas,* hay en la obra poética de Luis Cernuda anterior a la guerra civil (reunida entonces en un solo volumen por primera vez) «un dejo, un balbuceo del más delicado romanticismo inglés y alemán». El segundo es de Federico García Lorca, y también fue impreso en *El Sol* (cinco días antes): «No habrá escritor en España, de la clase que sea, si es realmente escritor, manejador de palabras, que no quede admirado del encanto y refinamiento con que Luis Cernuda une los vocablos para crear su mundo poético; nadie que no se sorprenda de su efusiva lírica gemela de Bécquer y de su capacidad de mito». El tercero es de Pedro Salinas, que en su detenido comentario de mayo de 1936 llega a la conclusión de que *La realidad y el deseo* es «la depuración más perfecta, el último posible grado de reducción a su pura esencia del lirismo romántico español».[1]

Estos juicios se prestan a muy diferentes y aun contrapuestas interpretaciones, dado que el término «romanticismo» suele ser aplicado a fenómenos muy diversos. Entendiendo por «romanticismo» lo que entendía Cernuda, o al menos algo muy afín, los tres juicios parecen esencialmente certeros, y quizá lo son más todavía si se piensa en la edición definitiva de *La realidad y el deseo,* que fue terminada en San Francisco de California en la primavera de 1962, después de un cuarto de siglo de destierro. Como quiera que sea, la cuestión merece más estudio, pues su elucidación no puede menos de contribuir a esclarecer algunos de los problemas que plantea la investigación del romanticismo en la literatura hispana.[2]

Una de las interpretaciones menos plausibles es asumir que los poetas citados se refieren a lo que cabría llamar «romanticismo histórico.» Aunque en esto, como en todo lo no bien entendido, hay opiniones para todos los gustos, nadie, que yo sepa, ha insistido en incluir autores del siglo XX entre los autores de la época romántica. En términos europeos, la primera generación romántica se diría que es la que incluye a Alfieri y a Goethe, a Schiller y a Blake, nacidos entre 1740 y 1770, como Gall, Mozart y Goya (en la notación hispana vendría a ser la generación de 1777 o 1778), y la tercera y última generación romántica en sentido estricto, por lo menos para no pocos de los entendidos, es la de Hugo y Tennyson, Browning y Baudelaire, nacidos entre 1800 y 1830, como Darwin, Wagner y Marx (en términos hispanos es la generación de 1838, es decir, la de Espronceda y los poetas prebecquerianos). Si esto es esencialmente correcto, ni siquiera tiene demasiado sentido incluir entre los «románticos históricos» a Bécquer (1836-1871), coetáneo de los poetas simbolistas (Mallarmé era sólo seis años más joven).

Cualquiera que sea, pues, la interpretación que prefiramos, en los juicios citados «romanticismo» tiene que ser tomado como algo no exclusivo de la época romántica. Sólo así tiene sentido hablar del «romanticismo» de Cernuda, o del de Cervantes, o del de Shakespeare.[3] Tenemos, pues, que preguntarnos qué entendemos por romanticismo en estos casos en que no pensamos en un contexto histórico determinado, pregunta que en todo caso tiene que ser contestada (por lo menos implícita y borrosamente) antes de ponerse a estudiar el supuesto romanticismo de una época histórica determinada.

Nadie ha señalado con más insistencia que los románticos mismos la necesidad de descubrir la realidad verdadera detrás de las apariencias, generalmente engañosas, observación que cobra especial importancia en la investigación de un fenómeno cultural de cierta complejidad, y pocos son más complejos que el fenómeno romántico. Por la naturaleza misma de las cosas, las manifestaciones románticas no suelen aparecer en estado químicamente puro: Aparecen más bien envueltas en celofanes de muy distintas, y a menudo abigarradas, coloraciones. Para ir más sobre seguro, conviene fijar la atención sobre las manifestaciones más intensas y representativas. En opinión de numerosos autores, entre ellos Cernuda, la generación romántica por antonomasia en la historia de la poesía occidental es la que incluye esta constelación de poetas, que cito por orden cronológico: Hölderlin, Wordsworth, Coleridge, Novalis, Foscolo, Shelley, Keats, Heine, Leopardi y Pushkin. Todos nacieron durante los últimos treinta años del siglo XVIII, lo mismo que otros poetas de renombre (Landor, Hazlitt, Manzoni, Lamartine, Angel de Saavedra, ...), filósofos como Hegel, Schelling y Schopenhauer, músicos como Beethoven y Schubert, historiadores como Michelet, etc. (En términos hispanos vendría a ser la generación de 1808). Parece, pues, natural asumir que la forma más acendrada del romanticismo histórico merodea probablemente por la obra de alguno o algunos de esos poetas, que se cuentan entre los más grandes de todos los tiempos. Si lo que perseguimos es reconstruir la filosofía del romanticismo, y en particular su estética (o, más concretamente, su teoría literaria), elegiremos sin duda las obras de algunos poetas que son relativamente explícitos y no demasiadamente opacos. Esto es precisamente lo que hizo M. H. Abrams, y a ello se debe quizá, al menos en parte, el extraordinario mérito de su estudio, uno de los más admirados sobre el tema.[4]

Los autores incluidos por Cernuda en la primera parte de su libro *Pensamiento poético en la lírica inglesa,* publicado en 1958, coinciden en general con los estudiados por Abrams (que es sólo diez años más joven) un lustro antes. La diferencia más obvia es que ni Keats ni, por supuesto, Blake (que, de acuerdo con el esquema propuesto, no pertenecería a la generación de 1808, sino a la de 1777) son objeto de especial atención en el libro de Abrams, que se detiene más en Hazlitt y en John Keble (nacido en 1792, como Shelley). Pero, en todo caso, los estudios que Cernuda dedica a Blake y a Keats son mucho más reveladores respecto a la idiosincrasia del intérprete que respecto a la naturaleza del romanticismo, y como éste es el tema que nos interesa, pueden muy bien ser pasados por alto. Por otra parte, el examen de lo que Cernuda escribe sobre Wordsworth, Coleridge y Shelley, y, en general, sobre el «romantic revival», resulta, a mi modo de ver, extraordinariamente revelador, no sólo respecto a la concepción del romanticismo ínsita en la obra de tres poetas de la época romántica especialmente representativos, sino también respecto a las similaridades y disimilaridades que median entre el romanticismo de los poetas ingleses y el romanticismo de Cernuda, nacido ciento diez años después de Shelley. El propósito de las páginas que siguen es intentar contribuir a ese examen.[5]

Pero antes de entrar de lleno en la materia quisiera hacer una observacion preliminar que conviene tener presente en todo momento. Por fortuna para los seres humanos, los avances que van jalonando la historia cultural, y en particular la historia intelectual, son, en un sentido clave, cumulativos, de modo que un salto adelante crucial en una parcela del saber (¿a qué esperará el equivalente español de «breakthrough»?) no puede menos de perfilar más nítidamente la silueta del pasado. Como consecuencia, la nueva silueta es mucho más fácil de percibir, aun para los seres no extraordinarios. Al propio tiempo, muchas de las controversias de antaño pierden el carácter de controversias. Por ejemplo, los egipcios creían que la sede de los sentimientos estaba en las entrañas (todavía hoy hablamos de sentimientos entrañables), el salmista creía por el contrario que estaba en el hígado, mientras que Aristóteles y otros muchos autores antiguos y modernos dan por supuesto que está en el corazón, a pesar de que ya Platón había postulado que está en el cerebro. Hoy hasta los niños de la escuela saben que sólo Platón estaba en lo cierto, y que no hay manera de defender ninguna de las otras tres posiciones, por muchas «historias del corazón» que sigan escribiendo los poetas.

Otro tanto cabe decir de algunas de las cuestiones más disputadas por los románticos (entre ellos o contra sus antagonistas), dada la revolución que cabría llamar «galileana» (propiamente, chomskiana) en los estudios del lenguaje, iniciada a mediados de nuestro siglo.[6] Al volver la vista atrás desde la atalaya recién alcanzada por la lingüística (y, en general, por la investigación de la mente), aun el estudioso de dotes no extraordinarias puede ver con relativa claridad lo que los grandes genios de la generación de 1808, a aquella altura de la historia intelectual de la humanidad, apenas podían entrever. De cierto modo, la gramática generativa es un «cálculo» relativamente explícito y asequible de algunos de los más vaporosos «pálpitos» románticos sobre el lenguaje (para usar un contraste que gustaba de usar el matemático español Rey Pastor), y la filosofía del lenguaje y de la mente derivada de ella tiene contornos mucho más precisos que la filosofía de los románticos, y más al alcance de los no superdotados. Alternativamente, cabría decir que las teorías románticas más hondas vienen a ser anticipaciones (más o menos borrosas o luminosas) de la filosofía de Noam Chomsky (y no sólo de su filosofía de la mente, como luego veremos). Chomsky mismo llegó a manifestar en una ocasión, hace más de una década, que hacia 1940 un conocedor de la teoría estética romántica que hubiese asimilado además los últimos avances en el estudio de los fundamentos de la matemática hubiera podido descubrir inmediatamente lo que tres lustros después (hacia 1955) llevó a la más honda revolución de las humanidades que vieron los siglos.[7] No es, pues, sorprendente que la nueva psicología y la nueva filosofía, que tanto han contribuido a desbrozar el camino de las ciencias humanas, permitan hilar más fino en muchas de las cuestiones que intrigaban a los románticos. Salvando todas las distancias (que no son pequeñas, ya que la investigación del microcosmos mental está muchísimo menos avanzada que la investigación del cosmos), es un poco lo que ocurre con la cosmología posible en la actualidad. Aun los nos especialistas pueden saber más de nuestra galaxia (y no ya de Saturno) que Galileo (aparte de saber que Galileo ha sido desanatematizado, cosa que él no llegó a saber), y también más que cualquiera de los románticos especialmente fascinados por la contemplación de las estrellas. Ni el más imaginativo de los románticos llegó a verse en una diminuta esfera de roca y metal que da vueltas alrededor de una de las innumerables estrellas de una galaxia (unos doscientos cincuenta mil millones de estrellas, a lo que dicen los entendidos), perdida en una inmensidad que contiene, a lo que parece, miles de millones de galaxias.

Así, pues, al examinar *Pensamiento poético en la lírica inglesa* desde la atalaya elevada por Chomsky jugamos con ventaja, como el que dice, pues Cernuda se había adentrado ya en la preparación de su libro cuando en 1957 apareció el tomito que no tardaría en revolucionar la psicología y la filosofía. Ni siquiera pudo aprovechar la informativa monografía de James Baker sobre la teoría de la imaginación elaborada por Coleridge, publicada aquel mismo año.[8] De hecho, sólo pudo manejar un número limitado de obras en inglés sobre el tema (que no parece haber incluido la de Abrams), «por no haber tenido a su alcance una biblioteca bien provista», como hace notar en el prefacio. Otra de las dificultades con la que tuvo que enfrentarse «fue la carencia de obras que trataran en español de temas análogos o relacionados con el suyo, debiendo adelantarse por un campo no cultivado entre nosotros» (pág. 488). En la carta que me escribió el 22 de marzo de 1959, nueve meses después de la publicación del libro, es todavía más explícito:

> Le agradezco la indicación que me hace acerca de mi olvido de la influencia de Vico sobre Coleridge y Shelley. En realidad el libro sobre los poetas ingleses del XIX es nada más que un *primer* para uso de los lectores de lengua española, que por lo general nada saben sobre el tema. Me temo que se le puedan reprochar muchas omisiones. Hubiera querido someter el original a alguien entendido en la materia, antes de imprimirlo, pero aquí no hay nadie que viniera al caso.
> No pude servirme sino de los pocos libros que hallé en la biblioteca del Instituto Anglo-Mexicano y de los escasos que yo tengo aquí, recobrados poco a poco de entre los que dejé en U.S.A. al venirme a México. Por lo tanto mis «fuentes» fueron exclusivamente de lengua inglesa; y aunque leí algunos libros importantes sobre Coleridge y Shelley no recuerdo en ellos la mención de Vico. Así que la omisión procede de los historiadores y críticos ingleses (al menos de aquellos que yo consulté), lo cual es más grave en ellos que en mí, que no soy sino un aficionado a la crítica literaria, y no un *scholar*.
> Por lo demás apenas conozco nada sobre Italia, país que nunca visité, y mi interés y simpatía va más hacia Inglaterra y Alemania que hacia los países «latinos», incluyendo España. (Cf. pág. 923).

La cosa no quedó ahí. Después de haber terminado su carta del 13 de mayo de 1959 (mecanografiada, como todas las que me escribió), añadió al fondo, a mano:

> En los Selected Essays de Sir Herbert Read hallo mención de Vico, en relación con las ideas poéticas inglesas.

Y la carta siguiente, fechada el 9 de julio de 1959, empieza así:

> Gracias por sus notas, copiadas en la carta del 21

pasado, sobre Vico. No recuerdo en qué ensayo hablaba Read del tema; pero lo encontrará en alguno de los incluidos en los Selected Essays, que publicó Faber & Faber *[London, 1938; 2nd ed., 1951]*. No tengo aquí el libro en cuestión y me es imposible buscar el dato preciso.

Como se desprende del texto, la primera cita responde a una observación que le había hecho yo (en una carta fechada en Berkeley el 16 de marzo de 1959). Reproduciré sólo lo necesario para encuadrar la respuesta de Cernuda:

Y ya que me refiero a su libro reciente, permítame que le confíe una reacción personal que he tenido al leerlo. Y es que me ha parecido extraño que usted, que tan justa admiración parece tener por la cultura italiana, pese al espejismo de lo francés, no haya mencionado el nombre de Vico al exponer las novedosas y brillantes ideas de Coleridge y Shelley...¿No le parece a usted de cierto modo injusto no señalar el claro ascendiente viquiano de tan penetrantes ideas?

Creo recordar que yo pensaba sobre todo en la teoría de la imaginación. Como escribe Cernuda, los románticos ingleses «creían que la imaginación revela una forma esencial de la verdad. Por eso, a pesar de que sus teorías respectivas acerca de la imaginación poética son diferentes, todas concuerdan sin embargo en la importancia que atribuyen a la misma» (pág. 505). Pero Vico había exaltado el papel de la imaginación mucho antes, bien es verdad que siguiendo un derrotero muy suyo. Hay que tener en cuenta que en la terminología italiana «fantasia» corresponde al inglés «imagination», mientras que «immaginazione» corresponde al inglés «fancy.»[9] De ahí que en la proposición de Vico citada en mi carta del 21 de junio de 1959 (a la que aludía Cernuda) aparezca el primero de los dos términos italianos: «La fantasia tanto è piu robusta quanto è piu debole il raziozinio» (*La Scienza Nuova*, 1744, I, Degli elementi, xxxvi). Especialmente significativo para nuestro propósito es que, frente a las opiniones sobre los mitos antiguos típicas de su tiempo, Vico sostiene que los mitos y demás creaciones de la imaginación representan intentos de interpretación del mundo, es decir, muestras de los resultados obtenidos utilizando un modo de conocimiento directo e intuitivo, distinto al de la ciencia.

Ni Vico ni los románticos más representativos caen en el error (tan común en el irracionalismo de nuestro tiempo) de concluir que lo que no es científico tiene que ser anti-racional. Tampoco caen los románticos más agudos en el error de suponer que la imaginación y sus creaciones, y en general los fenómenos propiamente humanos (por ejemplo, el uso creativo del lenguaje, las creaciones culturales), no pueden ser objeto de conocimiento científico, por la naturaleza misma de las actividades humanas, como supone Vico (en oposición declarada a Descartes). A mi modo de ver, nadie nos da una representación más global del romanticismo histórico que Shelley, y es sabido que Shelley sentía verdadero amor por la ciencia, expresaba en su poesía ráfagas de pensamiento que tenían su orígen en sus estudios científicos, y la veía como el símbolo de la iluminación, del regocijo y de la paz. A juicio de un gran matemático y filósofo de nuestro tiempo, «si Shelley hubiese nacido cien años más tarde, el siglo XX hubiera tenido un Newton entre sus químicos.»[10] Lo que los románticos rechazaban de plano eran las pretensiones absurdas sobre lo que la ciencia había alcanzado o estaba a punto de alcanzar, pero en eso no se diferencian de los hombres de ciencia actuales, por lo menos de algunos de los más distinguidos. Por ejemplo, Chomsky ha escrito no hace mucho que no es improbable que la investigación científica no llegue a dar una visión de lo que se ha llamado alguna vez «la persona humana entera» tan profunda como la que da la literatura.[11] Pero no hace falta ser un genio ni demasiado romántico para darse cuenta de que los conocimientos científicos de un escritor no obstaculizan la profundidad de su visión, sino todo lo contrario. Baste apuntar que la cosmogonía fundada en los más recientes avances de la física y las exploraciones espaciales no es menos profunda, ni menos «poética», que la de los poetas románticos, para nada decir de los clásicos más antiguos.

Como en nuestros días no son pocos los escépticos en lo que se refiere a la posible confluencia entre la literatura y la ciencia, no estará de más dar una ilustración (si no me engaño). Basta abrir una exposición sistemática de la nueva biología (iniciada poco después de mediado nuestro siglo, como la nueva lingüística) para topar con la idea de que las dos invenciones más importantes en la evolución de los seres vivientes son la sexualidad y la muerte. La sexualidad hace posible la diversidad (ningún individuo es exactamente igual a su hermano, sin más excepción que la de los gemelos idénticos), fomentando la realización de todas las posibilidades del sistema combinatorio genético e imponiendo, por tanto, cambio. La muerte natural (impuesta desde dentro), que pone límite a la vida, tercia entre lo idéntico de la reproducción y lo nuevo de la variación, y no puede ser dejada en manos del azar, sino que tiene que ser parte del programa genético inicial (las restricciones de la evolución no son conciliables con el viejo sueño de inmortalidad).[12] Con lo que recibe confirmación y explicación una de las intuiciones más recurrentes de los poetas, y en particular de los poetas románticos y de sus descendientes, que puede ser cifrada en unos versos muy conocidos de Leopardi:

> Fratelli, a un tempo stesso, amore e morte
> Ingenerò la sorte.

(A juicio de Cernuda, amor y muerte son «los dos polos sobre los que gira [la] obra» de Lorca y la de Aleixandre, «y es curioso que teniendo la visión del mundo en ambos poetas iguales elementos básicos: el amor y la muerte [los *fratelli* de Leopardi], obtengan resultados poéticos tan distintos» [pág. 455].)

Si lo dicho es esencialmente correcto, o por lo menos apunta a lo correcto, sólo podemos lamentar que Cernuda haya sido víctima de su formación en un punto tan importante. Su enemiga a la ciencia, que sólo aflora en algunos momentos (e.g., pág. 620), tenía mucho más de implacable que de iluminadora, y no ha podido menos de hacer algunos estragos en su libro. Es significativo que al descubrir el libro de Lawrence Durrell (nacido el mismo año que Abrams) *A key to modern British poetry* (1952), que trata de situar la evolución poética dentro de la historia intelectual, me aconsejara que lo buscase en estos términos (carta escrita en San Francisco el 27 de Septiembre de 1961):

> Busque un libro de Laurence Durrel [sic], el novelista que no sé si conoce, sobre la poesía británica moderna. Lo curioso es el fondo científico y filosófico que da a su crítica. Búsquelo.

Como ocurre a menudo con los actos de fe, sean del tenor que sean, importaba poco que su actitud le llevase a caer en contradicciones palmarias, como al escribir estas líneas (Darwin nació el mismo año que Larra, un año más joven que Espronceda):[13]

El trabajo de Charles R. Darwin (1809-1882), como es sabido, no era literario, pero influyó poderosamente sobre el pensamiento de su tiempo, tanto científico y filosófico como estético; respecto al pasado y al futuro del hombre su obra ofrecía un punto de vista muy diferente del que anteriormente se había tenido. Darwin comprendía que sus teorías se enfrentaban con la versión ortodoxa de la historia del mundo, pero eso no le preocupaba (págs. 609-10).

Menos palmaria, pero mucho más reveladora, es la omisión de un tema que brilla por su ausencia en su libro: La cuestión de la «forma orgánica», y su papel en la determinación de las creaciones individuales.

La distinción entre «forma mecánica» y «forma orgánica» es una de las más características del periodo romántico, y una de las mejores piedras de toque cuando se trata de aquilatar la diferencia entre el romanticismo y lo que precede al romanticismo. Pero en los términos de la época no es una distinción clara. No podía serlo. Los románticos entreveían algo profundo, pero entre la niebla, y la niebla no ha sido disipada hasta ya mediado nuestro siglo. Tal vez la mejor manera de hacerse idea de lo que entreveían y de ver hacia dónde apuntaban es tomar como punto de referencia la «forma orgánica» del lenguaje, que en nuestro tiempo ha sido formulada de manera precisa bajo el nombre de «gramática generativa». Un sistema de esta naturaleza es esencialmente un sistema recursivo que puede generar con medios muy limitados un número literalmente infinito de expresiones, entre ellas muchas de enorme complejidad. En contraste, un mero inventario de palabras, por astronómico que sea, sería para los románticos una «forma mecánica», incapaz de servir de soporte a la recursividad (que hace posible las infinitas opciones de la creatividad).

Esta ejemplificación es especialmente adecuada porque a los románticos no se les ocultaba la relación que media entre el aspecto creativo del uso del lenguaje (consecuencia de la recursividad de la gramática) y la creatividad artística, en particular la creatividad literaria, como se puede comprobar en la teoría del arte de A. W. Schlegel, que es de 1801. Como el sistema del lenguaje, el sistema del pensamiento y la imaginación, que es finitamente especificable, proporciona una «unidad orgánica» que interrelaciona sus elementos básicos y subyace a cada una de sus manifestaciones individuales, potencialmente infinitas en número. En sus conferencias públicas en Viena sobre el arte dramático (1808), Schlegel dice que la forma orgánica es innata y se desarrolla desde dentro, adquiriendo su determinación contemporáneamente con el perfecto desarrollo del germen, idea que Coleridge parafrasea diez años después. Para Coleridge, ninguna obra genial puede carecer de su forma orgánica apropiada, pues el genio no puede menos de obedecer las leyes de la creación, aun cuando sea el primero en aplicarlas.[14] Lo que los románticos rechazan son las superficiales «reglas» de los preceptistas, de naturaleza «mecánica» (retórica, si se quiere, y no poética), no los hondos principios de la facultad estética que guían al artista (aunque el artista los aplique inconscientemente).

Otra ejemplificación posible, acaso más sugestiva, es el de la teoría celular (no menos importante que la teoría atómica en la química), que abre una nueva fase (definitiva) en la historia de la biología, por obra y gracia de dos científicos de la generación que sigue a la de Coleridge y Shelley (dos biólogos coetáneos de Hugo y Browning). La teoría celular, que a juicio de algunos autores encontró el camino allanado por la estética romántica, vendría a ser «la aplicación objetiva de los elementos del concepto de forma orgánica al universo entero de los seres vivientes», o, si se prefiere, «la transformación de presuposiciones estéticas en conocimiento científico de un modo que reivindicaba llamativamente el aserto de Kant de que el sentido de la belleza es una ayuda para el descubrimiento de la verdad».[15] Esta relación entre la aspiración estética y el conocimiento científico fue apreciada desde antiguo tanto por artistas como Goethe como por científicos como Cajal, y no sin razón. Piénsese que la expresión matemática de la «sección de oro» de los artistas sirve también de base a las espirales que forma la distribución de hojas en las plantas, para nada decir de la «doble hélice» que representa la estructura del material genético (descubierta por los mismos años que la gramática generativa). Por si eso fuera poco, ese principio de la «forma orgánica» de la belleza y de la vida (de los seres vivientes y de las obras de arte) es reducible a un número que no es expresable como cociente de dos enteros, en contraste con el número a que es reducible la «forma mecánica» de los cristales, que nada tienen de vivientes ni de artísticos.[16] Se comprende, pues, que Matthias Schleiden (1804-1881), uno de los dos biólogos aludidos, diese a su popular obra el título de *Poesía del mundo vegetal* (1853). Y no deja de resultar irónico que Goethe, tan admirado por Cernuda como poeta, fallase como biólogo por no haber puesto suficiente imaginación «poética» en sus especulaciones sobre las metamorfosis de las plantas (cf. pág. 876); más exactamente, por haber concebido su «forma orgánica» (noción que fue uno de los primeros en estudiar) como arquetipo (Urpflanze) y no como principio generativo, análogo al que subyace al uso del lenguaje o a la creación artística.

Las limitaciones de espacio no me permiten continuar aquí el tratamiento del tema, pero no puedo menos de apuntar que la oposición de Coleridge a los que tendían a estudiar los organismos como meras «formas mecánicas», inmersos en una corriente que llevará al positivismo más extremoso, no es más que una manifestación más de su esencial platonismo, cuestión de la mayor importancia en el estudio del romanticismo. Cernuda presta cierta atención a este aspecto del tema, y algunas observaciones, por ejemplo respecto al impacto de Berkeley (497), no están mal orientadas, pero la exposición en su conjunto deja algo que desear, como salta a la vista sin más que comparar lo que han escrito otros autores.[17] En general, cabe decir que los románticos tienden hacia lo que en otro lugar he llamado «generativismo».[18]

No quisiera poner punto final sin al menos dejar sobre el tapete un aspecto del romanticismo histórico que Cernuda apenas roza, si bien lo que dice no carece de aciertos (e.g., 492, 502-3). Simplificando cabría decir que la literatura de la época romántica no se alza contra la literatura de la época precedente (a la que desde luego trata de superar de varias maneras), sino más bien contra lo monstruoso y «mecánico» de la nueva sociedad capitalista, que a juicio de algunos autores representa una innovación absoluta, y absolutamente deplorable, en la historia de la humanidad.[19] Es entonces cuando el concepto de «ser económico» movido únicamente por el afán de lucro empieza a imponer un nuevo sesgo a las relaciones interhumanas. Para los románticos, como para muchos de sus descendientes más o menos directos, el sistema social basado en esta absurda teoría psicológica (sin base científica alguna) no puede menos de llevar a la frustración y al sufrimiento a aquellos que tratan de moldearse a su tenor y, lo que es más grave, al sufrimiento y miseria de sus víctimas.[20] Ante tal estado de cosas, los románticos conciben y defienden una alternativa con «forma orgánica», libre de esas y otras taras de lo maquinal e inorgánico (aunque no, por supuesto, de otras limitaciones fuera del poder de los humanos), montada sobre la libertad de realización personal de cada individuo, no sobre la libertad de trueque y explotación. La organización social que cabría llamar romántica (Charles Fourier nace el mismo año que Coleridge y Robert Owen un año antes) representaría «la tercera y última fase emancipatoria de la historia», la que tiene como fin abolir el proletariado poniendo el control de la economía bajo asociaciones libres y voluntarias de productores, avance mucho más considerable que la trasformación de los esclavos en siervos (primera fase) o la de los siervos en asalariados (segunda fase).[21] *Prometheus unbound,* «el más grande de los poemas largos del siglo XIX», es la expressión poética más alta de esta visión del curso de la humanidad como autotrasformación consciente que une a románticos tan dispares como Herder, Owen, Fourier y Shelley. No es, pues, sorprendente descubrir que uno de los que más contribuyeron a poner la memoria de Shelley a salvo de los ataques de que empezó a ser objeto inmediatamente después de su muerte fuera precisamente Owen. Sorprende mucho más que las implicaciones de todo esto se le hayan escabullido hasta a Cernuda.[22]

NOTAS

1. Véase C. P. Otero, *Letras I,* 2a. ed., (Barcelona: Seix Barral, 1972), págs. 222 y ss.

2. Véase Juan Luis Alborg, *Historia de la literatura española,* tomo 4 (Madrid: Gredos, 1980), una verdadera mina, así como su complemento, debido a Emilio Carilla, *El romanticismo en la América hispánica,* 3a. ed. (Madrid: Gredos, 1975).

3. Cf. Anthony Close, *The Romantic Approach to 'Don Quixote': A Critical History of the Romantic Tradition in 'Quixote' Criticism* (Cambridge: Cambridge University Press, 1978), que por cierto nada dice sobre los escritos de Cernuda sobre Cervantes, el primero de los cuales fue publicado en Liverpool en 1943 (*Bulletin of Spanish Studies* 80, 175-95).

4. M. H. Abrams, *The Mirror and the Lamp: Romantic Theory and the Critical Tradition,* Oxford University Press, 1953 (reimpreso en 1958 por W. W. Norton &

Co., New York).

5. Salvo indicación en contrario, todas las citas de Cernuda se refieren a su *Prosa completa,* edición a cargo de D. Harris y L. Maristany, Barcelona, Barral Editores, 1975. Un número entre paréntesis remite a la página correspondiente de esta edición.

6. Véase mi Introducción a N. Chomsky, *Estructuras sintácticas* (México: Siglo XXI, 1974), y Justin Leiber, *Noam Chomsky: A Philosophic Overview* (New York: St. Martin's Press, 1975). Cf. *The Behavioral and Brain Sciences* 3 (1980), 1-61.

7. Cf. «Linguistics and politics», *New Left Review* 57 (1969), 21-24, entrevista traducida en N. Chomsky, *Sobre política y lingüística* (Barcelona: Editorial Anagrama, 1971).

8. James Volant Baker, *The sacred river: Coleridge's Theory of Imagination* (Baton Rouge: Louisiana State University Press, 1957).

9. Véase Gian N. G. Orsini, *Benedetto Croce, Philosopher of Art and Literary Critic* (Carbondale: Southern Illinois University Press, 1961), pág. 49. El uso italiano continúa la tradición clásica, que da a *phantasia* el sentido de potencia creativa, y a *imaginatio* el de parte pasiva o receptiva de la mente. La inversión semántica es perceptible ya en Joseph Addison (coetáneo de Vico) y aparece establecida en *An Essay on Original Genius* (1767) de William Duff, para quien *fancy* designa una potencia meramente asociativa e *imagination* la propiamente creativa (Baker, pág. 128-29 y 55n). El uso hispano no siempre es consonante con una de estas dos opciones, e.g. el de Bécquer (págs. 1268, 320; cf. Alborg, pág. 824). Cernuda contrasta a veces la imaginación con el ingenio, y reitera su antipatía por lo ingenioso (págs. 408, 904), que se conjuga bien con la retórica no poética.

10. Alfred North Whitehead, *Science in the Modern World* (New York: Macmillan, 1925), págs. 82 y ss.

11. *Rules and Representations* (New York: Columbia University Press, 1980), pág. 9.

12. François Jacob, *La logique du vivante: Une histoire de l'heredité* (Paris: Gallimard, 1970); en traducción: *The Logic of Life: A History of Heredity* (New York: Pantheon, 1974).

13. Cf. S. E. Luria, *Life: The Unfinished Experiment* (New York: Charles Scribner's sons, 1973), especialmente las págs. 13-14.

14. Véase N. Chomsky, *Cartesian Linguistics* (New York: Harper & Row, 1966). En traducción: *Lingüística cartesiana, (Madrid: Gredos, 1969), sección primera. Cf.* G. N. G. Orsini, *Coleridge and German Idealism* (Carbondale: Southern Illinois University Press, 1969).

15. Véase Philip C. Ritterbush, «Organic form: Aesthetics and objectivity in the study of form in the life sciences», en *Organic Form: The Life of an Idea,* ed. by G. S. Rousseau (London: Routledge, 1972), págs. 26-59, especialmente la 45.

16. Rotterbush, ib., y *The Art of Organic Forms* (Washington: Smithsonian, 1968).

17. Cf. por ejemplo, Mary Warnock, *Imagination* (Berkeley: University of

California Press, 1978), especialmente págs. 72 y ss., examen detenido del concepto desde Hume a los existencialistas (con énfasis en sus implicaciones para la teoría y la práctica de la educación), lamentablemente desde una perspectiva prechomskiana. Warnock no menciona el libro de Harry M. Bracken (*Berkeley*, [New York: Macmillan, 1974]), que arguye que el obispo de Cloyne (desde 1734) debe ser caracterizado como «cartesiano irlandés», y no como «empiricista británico». Cf. Baker, capítulo 3.

18. Véase C. P. Otero, «Lenguaje e Imaginación: La nueva novela en español», en *Letras II* (Barcelona: Seix Barral, de próxima publicación).

19. Véase Karl Polanyi, *The Great Transformation: The Political and Economic Origins of Our Time* (New York: Rinhart, 1944, reimpreso por Beacon Press de Boston en 1957); para una sinopsis, George Dalton, Introduction, *Primitive, Archaic and Modern Economies: Essays of Karl Polanyi* (New York: Doubleday, 1968, reimpreso por Beacon en 1971). En cuanto a los derivados de aquella «mecanización» inicial, véase Lewis Mumford, *The Myth of the Machine: The Pentagon of Power* (New York: Harcourt, 1970).

20. Contra lo que se suele creer, los abusos de aquellas primeras fábricas británicas no han sido superados del todo, ni aun en las metrópolis industrializadas, como prueban, por ejemplo, los reportajes sobre las condiciones de trabajo en la «garment industry» de California publicados este mes (enero de 1981) en dos periódicos de Los Angeles: el *Herald Examiner* y *Opinión* (éste en versión española).

21. Cf. Martin Buber, *Paths in Utopia* (London: Routledge, 1949, reimpreso por Beacon en 1958), especialmente p. 19, y N. Chomsky, *For Reasons of State* (New York: Pantheon, 1973), capítulos 8 y 9, especialmente, págs. 378 y 401 (y lo que escribe sobre Schelling en las págs. 388 y ss.). Cf. Octavio Paz, *Los hijos del limo: Del romanticismo a la vanguardia* (Barcelona: Seix Barral, 1974), págs. 102 y ss. (libro que por lo demás sería revelador comparar con el de Cernuda, al que no hace referencia).

22. Cf. *Letras I* (véase la nota 1), págs. 349 y ss. Véase ahora Nancy Fogarty, *Shelley in the Twentieth Century: A Study in the Development of Shelley Criticism in England and America, 1916-1971* (Universität Salzburg, 1976 [volumen 56 de la serie «Romantic Reassessment», dirigida por el Dr. James Hogg]; para el juicio entrecomillado sobre *Prometheus Unbound,* que es de C. S. Lewis, véase la pág. 149. A los estudios considerados por la autora en su capítulo IV cabe añadir ahora el de Michael Scrivener, «The anarchism of Percy Byssche Shelley», Wayne State University, Noviembre 1979 (mecanografiado). Sobre Shelley y Calderón, véase ahora Adela Falama, *Shelley's Major Poems: A Reinterpretation* (Universität Salzburg, 1973 [volumen 9 de la serie, Apéndice III] pág. 308-15), que incluye el texto (depurado) de la versión shelleyana de un pasaje de la Jornada II, Escena XIX, de *La vida es sueño*.

Tampoco parece haber sido muy consciente Cernuda de uno de los veneros más hondos de la poesía del autor de *Hiperión* (y acaso también de su locura). Véase ahora Franz Gabriel Nauen, *Revolution, Idealism and Human Freedom: Schelling, Hölderlin and Hegel and the Crisis of Early German Idealism* (The Hague: Martinus Nijhoff, 1971). (Como se sabe, los tres ilustres suebos fueron compañeros de estudios en el *Stift* de Tubinga a principios de la última década del siglo XVIII.)

FASCISMO Y POESIA EN ESPAÑA

JULIO RODRIGUEZ-PUERTOLAS
Universidad Autónoma de Madrid

José Antonio Primo de Rivera, Jefe de *Falange Española,* había proclamado en el discurso fundacional de su partido (1933) que «a los pueblos no los han movido nunca más que los poetas, y ¡ay del que no sepa levantar, frente a la poesía que destruye, la poesía que promete!» El mismo Primo de Rivera era, en efecto, poeta, y tanto, que se permitía pulir y corregir los poemas de su correligionario Dionisio Ridruejo, como éste mismo declaró en sus *Casi unas memorias (*Barcelona, 1976, pág. 53):

> Cuando leí un soneto con versos agudos al final de los tercetos, me hizo observar que ese acento—empleado por los modernistas—corrompía el ritmo del endecasílabo, que era muy delicado.

Pues los propios conductores fascistas son las más grandes poetas. Así Mussolini, según Pirandello, quien al comentar la conquista de Abisinia dijo que «el autor de esta obra es él mismo un Poeta que sabe bien su propio papel.» Y así también Franco, según Manuel Machado: «Pocos son los hombres a quienes la providencia ha concedido el privilegio de realizar la poesía de la Historia» (*Horas de Oro [*Valladolid, 1938*]*; dedicatoria). Con tan extraordinarios inspiradores, no es de extrañar que los autores fascistas se lancen a arriesgadas declaraciones de principios, en que se habla del Ser Absoluto, del Espíritu, de Fe, de Valores Eternos, de Nuevo Renacimiento. Mas frente a tales exquisiteces totalitario-poéticas, los escritores del fascio español no pierden ocasión de denigrar a los poetas republicanos. Una muestra antológica apareció el 28-V-1939 en el *ABC* de Madrid. Su autor, Agustín de Foxá; el título del artículo, «Los Homeros Rojos»:

> Alberti, Cernuda, Miguel Hernández, Altolaguirre, en el verso, son los tristes Homeros de una Iliada de derrotas. Porque sólo fulge el soneto como un diamante cuando lo talla una espada victoriosa...La poesía roja es químicamente pura, deshumanizada, y tenía que concluir en el marxismo, concepto helado, simple esquema intelectual...Sin ninguna norma moral, los poemas de Alberti, de Cernuda, de Miguel Hernández, son unos poemas de laboratorio, sin fuerza ni hermosura, equívocos, cobardes y llorones...

Frente a estos poetas de la República, degenerados y amorales, veamos quienes son los falangistas y cuál es su producto lírico y épico. Veamos en qué modo la ideología, las irracionalidades y los mitos del fascismo al hispánico modo se han traducido en materia poética.

El fundador de *Falange* murió fusilado por los republicanos en noviembre de 1936. La mitificación fue inmediata; Primo de Rivera pasó al Panteón fascista español con el nombre del *El Ausente*. En la Barcelona de 1939, al poco de «liberada», apareció la *Corona de sonetos en honor de José Antonio Primo de Rivera,* compilación de varios autores entre los que figuran Gerardo Diego, Alvaro Cunqueiro, Pedro Laín Entralgo, Manuel Machado, Eduardo Marquina, Eugenio D'Ors, Dionisio Ridruejo, Luis Rosales...; el volumen se abre con un dístico latino de Antonio Tovar. Veamos el final del soneto de Gerardo Diego (recién y democrático *Premio Cervantes):* «Por ti, porque en el aire el neblí vuele, / España, España, España está en pie, firme, / arma al brazo y en lo alto las estrellas.» D'Ors identifica a España con José Antonio; José María Pemán no se queda corto y afirma: «La obra tuya, ¡qué clásica y serena! / La obra de Dios en ti...¡qué hondo misterio!» A niveles más modestos de autoría, pero no de intenciones y comparaciones, y fuera ya de la *Corona de sonetos,* Ernesto Burgos escribe: «Como Cadmo, lo mismo que Hércules, igual que Sigfrido, / José Antonio renueva la fábula del dragón vencido». *(Balada del Ausente).* Y José María Amado publica en *Dardo* (Málaga), el 7-VI-1938, un *Vía Crucis* joseantoniano en prosa poética.

Pero es Franco, el carismático, el *Caudillo,* el *Generalísimo,* quien se lleva la palma de los elogios rimados. Si José Martínez

Arenas puede llamarle «bravo polemarca, / noble patriarca, / timón de la barca» *(Epinicio),* José R. Camacho declara que «por tí somos lo que somos, / te debemos la verdad / de ser hombres» *(Caudillo).* Ridruejo compuso un «Soneto a Franco» de total mitificación, sin dejar por eso de ser una de las piezas artísticamente más serias sobre el *Generalísimo,* que aparece como, por ejemplo, «Padre de armas y paz». Dentro de la serie de elogios a Franco, una subdivisión se dedica al fascinante asunto de su sonrisa. Abundantes poetas dedican sus versos a tan inspirador tema. Así Manuel Machado, el viejo modernista:

> Caudillo de la Nueva Reconquista,
> Señor de España, que en su fe renace,
> sabe vencer y sonreir y hace
> campo de paz la tierra de conquista
> ....
> para un mañana que el ayer no niega,
> para una España más y más España,
> ¡la sonrisa de Franco resplandece!
> *(Francisco Franco).*

Un poeta de antaño recuperado por el fascismo, Eduardo Marquina, dirá que «en aquel humanismo de la viril sonrisa / con que ecuánime Franco de luz a las batallas, / se incuban ya los días de todos los días» *(Franco).*

Los poetas del fascio español buscan las raíces de su obra literaria y política en el pasado, en la Tradición. Para Manuel Machado, las cosas están claras: «Reniega de una pseudociencia, / vuelve a tu Tradición, España mía. / ¡Sólo Dios hace mundo de la nada!» *(Tradición).* Se hace preciso regresar a una España previa al siglo XVIII: la de Isabel, Flandes, Trento, Lepanto. El gran cantor del tradicionalismo es José María Pemán, y desde antes de la guerra civil. Y ya en marcha ésta, publica su magno *Poema de la Bestia y el Angel* (Pamplona, 1938), obra que merece algún detenimiento. Según Pemán, el destino de la España renacida es *divinal,* pues

> Otra vez sobre el libro azul que baña
> la luz naciente en oro ensangrentado,
> el dedo del Señor ha decretado
> un destino de estrellas, para España.

Hitler y Mussolini, como radiantes águilas, vuelan raudas en ayuda
de los cruzados españoles; el *Duce,* por ejemplo, aparece como

>...un César, claro y semidivino,
>con un cráneo redondo como un casco de acero
>y un labio prominente que arremete al Destino.

Entre los enemigos de la verdadera España figuran, claro está, los
judíos, mas

>Todo el oro judío
>no podrá con el brío
>y la entereza sana
>de esta tierra,

y ello aunque

>Sobre la piel de toro, cien narices ganchudas
>como picos de cuervos, y cien barbas de chivo,
>planean el reparto
>de la segunda túnica de Dios.

En este poema, la habitual *horda* republicana aparece, por
ejemplo, ante el Alcázar de Toledo de la siguiente manera:

>Así gritan, al fondo de la calleja oscura,
>los bramidos de las fieras,
>de mil hombres borrachos de locura
>y mil sucias rameras,
>en furia de sexo hambriento y sin ternura.

Digamos, de pasada, que el *Poema de la Bestia y el Angel* llegó a
ser considerado como el poema épico de la Nueva España, de la
Cruzada, y que un autor entonces joven y después bien conocido,
escribió de Pemán lo que sigue: «No creo que poeta contemporáneo alguno haya visto más diáfanamente el ser y el sentir de la
poesía.» Quien esto decía se llama Camilo José Cela (cf. *Obras
Completas* de Pemán, I; *[*Madrid, 1947*]*, págs. 1155-56).
 Otro de los grandes temas de los vates fascistas españoles es la
Edad Media y Castilla. Bastarán aquí dos ejemplos. Federico de
Urrutia termina su *Romance de Castilla en armas* del siguiente

modo: «El Cid, con camisa azul, / por el cielo cabalgaba». Y Nicomedes Sanz y Ruiz de la Peña acaba otro poema afirmando que «¡En Castilla y por Castilla / España vuelve al Imperio! ¡Myo Cid vela por ella / desde los altos luceros!» *(El ayer y el hoy se funden)*.

El fascismo instrumentaliza a Dios y a la religión para justificar sus propósitos y acciones. Eugenio Montes proclamaría poéticamente que España «es la novia de Cristo»; Monseñor Herrera Oria, obispo de Málaga después de la guerra civil, pronunció delante del *Caudillo* y en cierta solemne ocasión estas palabras: «*Fuit homo missus a Deo cui nomen erat Franciscus*» (cf. Rafael Abella, *Por el Imperio hacia Dios* [Barcelona, 1978] pág. 157). Pero sería inútil multiplicar las citas líricas del nacional-catolicismo fascista. Quizá estas identificaciones aparezcan del modo más notorio en un *Romance Azul* de Rafael Duyos. Un falangista muere en acción: es recibido en el Cielo por un «Jefe de Presentes»; se establece un diálogo en el curso del cual el héroe recién llegado a la Gloria dice llevar un mensaje para sus camaradas. Y el «Jefe de Presentes» le contesta: «¡Dáselo a la Virgen, / que Ella es la que entiende de eso!». El romance termina apoteósicamente:

Santo, Santo, Santo, Santo
Señor de los Ejércitos.
Cien mil camisas azules
están entonando el *Credo*.
Cien mil camisas azules
locos de Paz y de Imperio.

Esos héroes azules mueren alegremente, pues «la muerte es un acto de servicio», rezaba un lema falangista. Y son muertos, como nos enseña José María Castroviejo, «¡...tan superiores / a los pobres viejos muertos burgueses!» El propio Dios, como declara Pemán, que parece saberlo sin lugar a dudas, distingue a los muertos fascistas de los republicanos: «Pero Dios sabe sus nombres y los separa en las nubes». *(op. cit.)*. Pues sería impropio que los héroes fascistas pudieran compartir la Gloria con quienes, como dijera Angel Gordo Moreno, «...nacieron sin padre; / aborto del mundo son» *(Galería de salvajes ilustres)*. A los engendros de la anti-España se les niega el más allá, el pan y la sal, toda posibilidad de redención. Un poema de Agustín de Foxá, *La Espiga,* es bien revelador de la conciencia clasista que latía en buena parte del facismo español, más allá de toda retórica «revolucionaria»:

> Nunca, con el pretexto de un hambre milenaria,
> os daremos a Cristo, dormido en su custodia.
> Nunca la gracia, el ritmo del vals, la cortesía,
> el alado abanico, la espuma, el amor puro,
> nuestro cielo teológico, la oración y el armiño,
> la espada, la bandera y el Verso es monárquico
> tiraremos, temblando, ante el cerrado puño.

Tanta delicadeza, por otra parte, se quiebra ante la teoría y la práctica de la violencia, o ante un correlato característico, el machismo. El cual aparece paradigmáticamente en la *Canción de abril al Alférez Provisional,* de Luis Camacho Carrasco: «Cada hombre siete mujeres / y cada alférez, cincuenta, / que para eso cada alférez / es siete hombres y una estrella».

Terminaré este resumen de la poesía fascista de guerra citando un olvidado poema de José María Pemán, poema de difícil clasificación, como no se encaje en algo que pudiera llamarse «señoritismo andaluz vitivinícola». Fue recitado por el autor durante una fiesta en que se celebraba el feliz retorno al hogar de Tomás Domecq, liberado en Bilbao (1937) por las tropas cruzadas. Y dice así:

> —¿No sabes lo que ha pasao?
> —No sé nada: tú dirás.
> —Pues escucha, que ha llegao
> de Bilbao
> el señorito Tomás.
> —¡Qué alegría!
> —Tú dirás...
> Es que Bilbao y Jerez
> ¡ya se vuelven a encontrá!
> ¡Ya está lograda la hazaña
> que nos vuelve a la unidá!
> Y se abrazan otra vé
> la boina del Requeté
> y la guitarra con moña:
> y la Virgen de Begoña
> besa a la de la Mercé.
> —¿Y don Tomás? ¿Muy nervioso?

—¿Cómo nervioso? ¡Al revé!
Muy sereno y con hombría,
ya lo dice el *ABC*
casi toítos los días:
«Para calidad, Domecq»
(*ABC*, Sevilla, 29-VI-1937).

El 1 de abril de 1939 terminaba oficialmente la guerra civil con la implantación en toda España del *Imperio Azul*. El primer desfile de la Victoria se celebró en Madrid el 19 de mayo, con participación de unidades militares de Alemania, Italia, Portugal, y soldados marroquíes. Como era de esperar, el torrente poético se desbordó con tal ocasión. Citaré únicamente el *Cantar del Caudillo*, compuesto por Ernesto La Orden Miracle en los tetrástrofos alejandrinos monorrimos del *mester de clerecía*, en fascinante actualización. He aquí unos fragmentos:

El Caudillo entraba en Madrid vencedor.
Voltean las campanas de la villa a clamor.
Infantes y jinetes le llevan en honor.
Hombres y mujeres le dicen loor.
....
Sobre un alto tablado el Caudillo reposa,
junto a los capitanes de su hueste gloriosa.
Otra lucida gente le saluda gozosa,
y el Caudillo les habla con muy galana prosa:
«Dios os guarde, legados de la Roma fatal
y de la nobilísima Germania boreal
y de la bien amada y hermana Portugal,
todas tres predilectas de mi amor por igual».
....
¡Cómo aplauden las gentes, libres ya del terror,
y lloran las mujeres, de alegría y amor!
En el fondo de su alma musita el trovador:
¡Oh, Dios, el buen vasallo ya tiene buen Señor!

Terminada la guerra civil, se hizo necesario dedicarse a tareas más prosaicas: la reconstrucción del país y la represión. Parece que las prisiones fascistas debían albergar un considerable número de poetas, o bien constituían apropiados lugares de inspiración lírica. Lo cierto es que en el Madrid de 1940 se publicó una extraordinaria antología: «*Musa Redimida. Poesías de los presos en la Nueva*

España. El libro iba precedido por un prólogo de José María Sánchez de Muniaín, que al poco sería—no sin lógica—catedrático de Estética de la Universidad de Madrid. Mientras, los poetas vencedores se organizan en tertulias y grupos de líricos títulos: *Musa Musae, Juventud Creadora*. También en 1940 aparece la revista *Escorial*, con un notable equipo de intelectuales fascistas: Ridruejo, Laín Entralgo, Tovar, Rosales. Los cuales propugnan, como afirman en el primer número de *Escorial,* «una propaganda en la alta manera». La revista *Garcilaso* surge en 1943. Se está, en efecto, «bajo el signo de Garcilaso», formalista y abstracto, marcado por la añoranza y la «voluntad de Imperio»; otra faceta característica de la poesía del momento es la religiosa y la pseudoexistencialista cristiana: todo de escaso contenido real y siempre escapista. Vivanco, Rosales, Panero, así lo demuestran.

Mas una nueva oportunidad se ofrece, de improviso, al fascismo español y a sus cantores. En junio de 1941 la Alemania nazi ataca a la URSS; menos de un mes después, el *Caudillo* envía en ayuda de Hitler el primer contingente de la llamada *División Azul*. Reverdece el mito del Imperio. En una *Hoja de Campaña* publicada en el frente ruso (20-IV-1942), leemos un delirante ejemplo de mesianismo imperial:

> En las estepas de Rusia
> España lucha con ardor,
> unida con Alemania
> por una Europa mejor.
> Y cuando a España volvamos
> de nuevo queremos luchar,
> y al inglés echaremos
> del Peñón de Gibraltar.
> Nuestro grito de victoria
> en el mundo entero lo oirán,
> cuando recuperemos
> todo Marruecos y Orán.
> Sólo esperamos la orden
> que nos dé nuestro General,
> para borrar la frontera
> de España con Portugal.
> Y cuando eso consigamos,
> alegres podremos estar,
> porque habremos logrado
> hacer una España Imperial.

Pero el verdadero poeta de la *División Azul* es Dionisio Ridruejo. Los textos oportunos aparecen en *Poesía en Armas. Cuadernos de Rusia* (Madrid, 1944), libro en el que constan ya temas indicadores del rumbo que iba tomando la guerra mundial y la Historia. Bastaría recordar el *Canto a los muertos de Stalingrado,* donde «cien mil bellos arcángeles» nazi-fascistas, con el mariscal von Paulus a la cabeza, han de doblegarse ante las hordas marxistas:

> Cuando los cien mil hombres han, al fin, sucumbido
> como una isla de honor y terquedad bajo la presión del cataclismo,
> el paisaje era blanco y helado en torno a mi conciencia
> y más realmente que mi cuerpo en los días recientes
> mi alma se erguía arropada en vuestro sagrado uniforme.

El tiempo pasa. Uno de los más conocidos poetas fascistas, Leopoldo Panero, publica en 1953 un *Canto Personal* con el que obtiene el Premio Nacional de Poesía. El autor se enfrenta con Pablo Neruda y evoca las heroicidades de la guerra civil. El libro lleva un prólogo de Ridruejo (con el cual se solidarizan Rosales y Vivanco), y en cual se dice que tras Nüremberg, Hiroshima, «los bombardeos en masa» y los campos de concentración «de todo al mundo», hablar de la lamentable muerte de García Lorca y de Miguel Hernández «es demasiada farsa». Pues en efecto, como dice Panero, los crímenes fascistas durante la guerra civil no fueron tales, ya que «palpita un corazón en cada bala». Y, en todo caso, afirma, «Porque España es así (y el ruso, ruso), / hoy preferimos el retraso en Cristo / a progresar en un espejo ilusorio».

Mas el *Canto* de Panero es más bien el canto de cisne del fascismo poético español. Muchas cosas habían ocurrido ya para 1953. En 1944 Dámaso Alonso había publicado *Hijos de la ira,* y Vicente Aleixandre *Sombra del paraíso;* aparecía la revista *Espadaña.* La poesía española comenzaba a liberarse de la camisa azul. A otro nivel, 1945 había visto la destrucción del nazi-fascismo europeo, y el general Franco comenzaba su irresistible aproximación a los Estados Unidos: en setiembre de 1953 se firmaba el *Pacto de Madrid.* Caen los mitos uno a uno: *Falange* se disuelve en el *Movimiento Nacional;* el saludo fascista deja de ser oficial; las *camisas viejas* se caen a pedazos; el Imperio soñado y nunca logrado se volatiliza para siempre...Y así, en 1955, un intelectual falangista de los primeros tiempos, Luys Santa Marina, publica su poema *Años después,* totalmente revelador. Los siguientes fragmentos eximen de todo comentario; se trata de una auténtica «confesión de parte»:

> Los que hicieron a diario cosas propias de arcángeles,
> los niños hechos hombres de un estirón de pólvora,
> los que con recias botas la vieja piel de toro
> trillaron, en los ojos quimeras y romances,
> ¿adónde están ahora?—decidme—¿qué se hicieron?
> Pocos años bastaron para enfriar sus almas,
> aquel sueño glorioso creen que no vivieron,
> no yerguen las cabezas ni les brillan los ojos
> al mirar cómo pasan sus marchitas banderas.
> ¿Adónde están ahora?—decidme—¿qué se hicieron?
>
> (*El Postillón* [Barcelona, 1955])

El fascismo español se había transformado, definitivamente, en franquismo, y sus poetas... Ricardo de La Cierva, efímero Ministro de Cultura de la España democrática, escribió en 1969 (*Historia de la guerra civil española,* 8; Madrid, 1969; p. 535) que a los poetas fascistas españoles «se les acusa injustamente de fabricantes de oropel. Fueron, sí, fabricantes de sueños: pero era una excelente retórica». No nos dejemos caer en las trampas de la semántica: hay, sin duda, una diferencia, entre *sueños* y *pesadillas.*

Al cabo de los años, los cantores del fascismo español habían descubierto, por fin, la realidad que se ocultaba tras el ropaje de su propia retórica. Quizá habían leído en *Through the Looking Glass,* de Lewis Carroll, aquel diálogo entre Humpty Dumpty y Alicia:

> H.D.—Cuando yo utilizo una palabra...significa exactamente lo que yo quiero que signifique: ni más ni menos.
> Al.—La cuestión es si *puede* uno hacer que las palabras signifiquen tantas cosas diferentes.
> H.D.—La cuestión es saber quién es el que manda aquí, nada más.

LA INMORTALIDAD Y LA TRADICION CELTICA EN ROSALIA CASTRO

EVA M. KAHILUOTO RUDAT

La función de la tradición céltica en la poesía de Rosalía Castro ha recibido relativamente poca atención en los estudios sobre ella, y sólo se menciona en términos generales. Marina Mayoral, por ejemplo, se cierne a lo que llama ella «las sombras» en la obra de Rosalía Castro como resto de una religiosidad primitiva.[1] Kathleen Kulp, por su parte, habla de un sentimiento profundo de la naturaleza.[2] La interpretación suya se limita a un sólo aspecto de una afirmación de Ernest Renan sobre el naturalismo céltico, según la cual la mitología céltica no es más que un naturalismo transparente, no antropomórfico como la de Grecia o India, sino más bien un naturalismo realista: amor de la naturaleza misma acompañada de una tristeza que el hombre siente frente a la naturaleza por lo que cree que ésta le comunica sobre su propio origen y destino.[3]

Esta afirmación representa, sin embargo, sólo una introducción hacia detalles más específicos sobre las creencias célticas en el ensayo de Renan con una orientación cuyas posibilidades quedan por explorar y que servirá de guía para el enfoque del presente estudio.

En su análisis de lo que sería típico a la raza céltica Renan menciona, en primer lugar, ciertas características de tipo afectivo como la tristeza, la delicadeza infinita de sentimiento y el poder imaginativo que aparece en conjunción con la concentración de sentimientos y falta de desarrollo externo de la vida (págs. 148-49) características que en el caso de Rosalía Castro hasta cierto punto ya han recibido atención aunque sin establecer conexiones específicas con lo céltico. Las referencias se limitan a ciertos aspectos del alma gallega, implícitos en los títulos como *La mística de la saudade* (Sister Mary Pierre Tirrell), o *Raíz apasionada de Galicia*

(Luisa Carnés).[4]

Pero, aparte de los elementos afectivos con que se describe la psicología céltica, el ensayo de Renan ofrece también una proyección más profunda, sugerida ya de cierto modo en la afirmación citada antes, es decir, lo que la naturaleza significa para los pueblos célticos en cuanto a fuente de conocimiento de su origen y destino. Se trata de su deseo de lo infinito, que pasa hasta más allá de las tumbas, y más allá, incluso, del infierno (pág. 149), cosa que se relaciona con su veneración de los muertos, de sus antepasados (pág. 147), sus creencias sobre la peregrinación del alma (pág. 188), y su culto de lo que es perenne y duradero en la naturaleza: el bosque, la fuente, la piedra; muy especialmente la piedra, que no tiene muerte (pág. 161). Esta proyección ofrece la base para establecer puntos de contacto entre el tema de la inmortalidad en la tradición céltica y en la poesía de Rosalía Castro.

Es preciso, además, observar que el interés en la psicología de los pueblos, heredado de la filología romántica, también se extendía a España, y que el esposo de la poetisa gallega, Manuel Murguía, fue el autor de un impresionante volumen, titulado *Galicia,*[5] en que se analiza minuciosamente la presencia en Galicia de las costumbres y creencias célticas que Renan comenta con respecto a otras regiones de origen céltico. En efecto Murguía parece haber sentido más que nadie la expresión del alma gallega en la poesía de su esposa a juzgar por su emocional introducción a una edición póstuma de *En las orillas del Sar.*[6] Pero al dedicar su historia de Galicia, también de manera póstuma, a la memoria de su esposa, las afirmaciones de Murguía no pasan de referencias a una cierta conciencia de los sentimientos y creencias del pueblo en su poesía. La fecha tardía de la obra de Murguiá no excluye la posibilidad de que las raíces primitivas de origen céltico hayan sido objeto de conversación entre los esposos mientras el libro estaba en preparación, cosa que deja sospechar no sólo una participación del subconsciente colectivo del pueblo gallego, sino incluso alusiones conscientes a ciertas creencias célticas en la poesía de Rosalía Castro.

Sin pretensiones de agotar las discusiones en torno al tema en el presente estudio, me propongo elucidar sólo un aspecto de las posibles alusiones a las creencias célticas en las poesías de Rosalía Castro: el tema de la inmortalidad relacionada con la concepción de la naturaleza expresada en las poesías que inician la colección *En las orillas del Sar,* y que llevan el nombre «Orillas del Sar» (utilizo la edición Austral de la *Obra poética* en que dichas poesías se designan con los números 55-64).

Con un enfoque postestructural se observará la creación poética de Rosalía Castro desde dos perspectivas fundamentales: 1) el proceso de escribir de la autora, o sea su escritura; y 2) la lectura, o sea el acto de leer. Ambas perspectivas comportan un proceso de estructuración, cuya función se intentará elucidar a base de la separación de los elementos connotativos presentada en las tablas Nos. 1-3. Para la orientación global del estudio sigo en lo esencial lo delineado por Terence Hawkes en *Structuralism and Semiotics*,[7] donde se destaca la necesidad del doble enfoque a partir de la escritura y la lectura como básico para un criterio postestructural. Hawkes tiene en cuenta inicialmente el estructuralismo antropológico de Lévi-Strauss, el concepto de la escritura de Roland Barthes y especialmente la teoría que el crítico francés ofrece en *S/Z*,[8] así como la ciencia de la gramatología de Jacques Derrida.[9] A este conjunto interpretativo que Hawkes desarrolla conviene añadir la teoría de la lectura de Wolfgang Iser en *The Implied Reader* y *The Act of Reading*,[10] en que se incluye tanto la función del lector implícito imaginado en el texto como del lector crítico real, que Iser separa como diferentes.

La orientación inicial para la composición de las tablas ha sido semiológico-estructural, pero en vez de escoger como modelo una gramática del texto como la de Carmen Bobes Naves en *Gramática de Cántico*,[11] cuya división en planos sintáctico, semántico y pragmático tiende a destruir el efecto del conjunto y a oscurecer los nexos entre los diversos elementos, se prefiere adoptar más bien el criterio sugerido por Barthes en *S/Z*. Aunque Barthes también ofrece una división en cinco códigos, no hay separación en planos a base de estos códigos, sino que se tratan en conjunto dentro del tejido natural de los elementos en el texto. Con esta orientación, que se presta para el análisis enfocado a partir del proceso de escribir, se intentará superar lo que ofrecería una mera gramática del texto. Para el análisis textual en este estudio se utilizarán, por tanto, los siguientes cinco códigos, adoptando la terminología y las abreviaturas de Barthes: 1) el código hermenéutico (HER), cuyo propósito es designar los elementos enigmáticos que el texto encierra y formular la respuesta a las preguntas centrales; 2) el código semántico (SEM), los semes o significantes en que sólo se indican connotaciones significativas sin agrupaciones temáticas rígidas, cosa que permite entrever la dispersión y la inestabilidad de sentidos; 3) código simbólico (SYM) en que se formulan los diseños de antítesis a base de las agrupacioens y configuraciones de los elementos connotativos dejando siempre abiertas las múltiples posibilidades de ver el sentido simbólico, pero sin intentar estructurarlo; 4) el código proairético o de acción (derivado del griego *proairesis,* elegir), la capacidad de determinar de modo racional el resultado de una acción (ACT); 5) código cultural o referencial (REF), en que se establecen las conexiones históricas, ideológicas, sociales, etc.,[12] y que corresponde al plano pragmático, denominación utilizada por la crítica semiológica.

Barthes concibe estos códigos como voces que se oyen al lado del texto y la convergencia de estas voces se convierte en la escritura en que las cinco voces se entretejen.

> Alongside each utterance, one might say that off-stage voices can be heard: they are the codes: in their interweaving, these voices (whose origin is «lost» in the vast perspective of the *already written)* de-originate the utterance: the convergence of the voices (of the codes) becomes *writing,* a stereographic space where the five codes, the five voices, intersect: the Voice of Empirics (the proairetisms), the Voice of the Person (the semes), the Voice of Science (the cultural codes), the Voice of Truth (the hermeneutisms), the Voice of Symbol. (s/z/, 21)

Esta interpretación nos permite una visión en que se considera el texto, no como una estructura que se estudia como tal estructura (o sea lo ya escrito), sino como estructuración del proceso de escribir que lleva a la escritura, y al fin, a la creación de un mundo poético.

El paso inicial del estudio ha sido la presentación gráfica de la estructuración del lector, o sea de la primera impresión que el lector adquiere por medio de la estructuración mental que se lleva a cabo al leer, y que en el caso de esta poesía ha dejado entrever un diseño que sugiere la importancia central del tema de la inmortalidad. Con las tablas se ha querido ofrecer un instrumento para facilitar el proceso en que por medio de la estructuración por el lector se trata de aproximarse a la estructuración por el autor en su escritura.

Como punto de partida del análisis de los elementos, que los sistemas connotativos separados en las tablas revelan, se establece en primer lugar el principio central de construir oposiciones a base de lo que es continuo en el tiempo y lo que constituye la interrupción de esta continuidad, oposición que es el principio fundamental de la estructuración de la mente humana según Lévi-Strauss.[13] En el caso específico del conjunto de poemas «Orillas del Sar» la continuidad temporal está representada por la naturaleza (perenne, siempre igual, siempre la misma) y el ciclo natural que garantiza este estado, concepto que lleva implícito la idea de reencarnación. La interrupción de esta continuidad es la situación existencial de la autora, quien desde el momento presente contempla su pasado: los lugares de su juventud han permanecido iguales, pero su presencia ya no le deja sentir la misma experiencia de antes (ACT). A la fe y esperanza del pasado, que también forma parte de todo lo caduco, se opone duda e incertidumbre: lo único que le queda a la poetisa en el momento presente. Como oposición secundaria que complementa el cuadro afectivo: odio y amor residen paralelamente en su corazón (SEM, SYM). El ser humano es, además, la única criatura para quien no hay reencarnación personal en este mundo. La oposición de valores afectivos positivos y negativos señala el principio central del proceso de escribir de la autora: la estructuración de su escritura, su voz personal (SEM) y todo el potencial de sentidos simbólicos que las agrupaciones revelan.

Desde el punto de vista del código hermenéutico, o enigmático el título de los poemas «Orillas del Sar» sugiere ya la primera pregunta: ¿qué significan las «Orillas del Sar» para la poetisa? Es su patria, son sus «lares primitivos», los lugares de su procedencia inmediata, de su juventud, pero a la vez son los lugares donde reside el alma gallega. El primer poema ya establece las oposiciones esenciales que determinan la estructuración de los poemas del conjunto designado con el número 55; especialmente de los seis primeros poemas.

En el poema VII los valores negativos predominan: es la culminación de la tensión afectiva hacia el presente de la poetisa y la contestación final de lo que las «Orillas del Sar» le significan en el momento de la ejecución de la escritura:

> Ya que de la esperanza, para la vida mía
> triste y descolorido ha llegado el ocaso,
> a mi morada oscura, desmantelada y fría
> tornemos paso a paso,
> porque con su alegría no aumente mi amargura
> la blanca luz del día.

Contenta el negro nido busca el ave agorera,
bien reposa la fiera en el antro escondido,
en el sepulcro el muerto, el triste en el olvido
y mi alma en su desierto.

El «ocaso de la esperanza» es el punto final de todo lo caduco, todo le efímero, de todo lo positivo en la vida de la poetisa, cosa que también Marina Mayoral atestigua cuando dice que «En su último libro *[En las orillas del Sar]* Rosalía considera que la esperanza ha terminado para ella. La esperanza, como el amor, tiene una vida efímera. Llega un momento en que hay que enfrentarse con el hecho de su pérdida definitiva, de que el tiempo del amor, el tiempo de la esperanza ha pasado para siempre.»[14] La posibilidad de extender la oposición entre lo caduco y lo perenne como base simbólica de todo este libro último de la poetisa sirve para comprobar la validez del principio central de estructuración establecido a base de los primeros poemas, que deja abierto el potencial de un sinnúmero de lecturas futuras del texto.

A partir del poema 56 hay un ligero cambio en la estructuración: A la inmortalidad en la naturaleza se opone el anhelo de inmortalidad de la poetisa sin que se abandone la oposición de lo perenne frente a lo caduco. En el nivel del código referencial (REF) la información obtenida fuera del texto sirve para elucidar las alusiones a las creencias célticas que el texto revela.

El deseo de Rosalía de convertirse en «pájaro o fuente /, en árbol o en roca,» además de llevar implícito el concepto de reencarnación, reune los elementos simbólicos de su anhelo de inmortalidad y deja sospechar una relación con la veneración de la naturaleza animada e inanimada por los celtas: los altos árboles que abren paso hacia la morada de los dioses,[15]—«Los unos altísimos, / los otros menores, / con su eterno verdor y frescura, / ... / van en ondas subiendo hacia el cielo / los pinos del monte, / —igual que el pájaro que con su vuelo alcanza el cielo—la fuente como símbolo de la vida y la piedra que no tiene muerte, se mencionan como objetos de culto tanto en Galicia como en otras regiones del población céltica.[16] La fuente, el árbol, la roca, todos encierran una connotación de permanencia, de eternidad y por tanto de inmortalidad. La mención de «la encina sacra de los celtas» en otro poema del mismo libro, «Los robles» (No. 65), confirma la conexión con el valor especial que las razas célticas atribuyen a los árboles, especialmente a la encina y al roble, sin excluir otros árboles altos. Rosalía comienza con referencia al pino:

> Arbol duro y altivo, que gustas
> de escuchar el rumor del océano
> y gemir con la brisa marina
> de la playa en el blanco desierto:
> ¡yo te amo!, y mi vista reposa
> con placer en los tibios reflejos
> que tu copa gallarda iluminan,
> cuando audaz se destaca en el cielo,
> despidiendo la luz que agoniza,
> saludando la estrella del véspero.
>
> Pero tú, sacra encina del celta;
> y tú, roble de ramas añosas,
> sois más bellos con vuestro follaje
> que si mayo las cumbres festona
> salpicadas de fresco rocío
> donde quiebra sus rayos la aurora,
> y convierte los sotos profundos
> en mansión de gloria.

Rosalía lamenta en este poema la destrucción de los bosques por el hombre, con lo cual también desaparece la reminiscencia de las antiguas creencias.

La búsqueda de la inmortalidad se desarrolla gradualmente hacia la contestación de la segunda pregunta esencial — el enigma central de todo el conjunto de poesía — «¿Qué somos? ¿Qué es la muerte?» en el poema 58. En este poema se da la culminación de la duda e incertidumbre en una crisis religiosa que se intensifica hacia la afirmación «En mil pedazos roto, / mi Dios cayó al abismo.» La duda se resuelve en una solución cristiana: la sugerencia de la resurrección espiritual del alma, pero no sin una búsqueda previa de respuestas en las creencias primitivas en el poema anterior, que comienza con una nota personal:

> Era apacible el día
> y templado el ambiente
> y llovía, llovía,
> callada y mansamente;
> y mientas silenciosa
> lloraba yo y gemía,
> mi niño, tierna rosa,

durmiendo se moría.

Al huir de este mundo, ¡qué sosiego en su frente!
Al verle yo alejarse, ¡qué borrasca en la mía! (no. 57)

La construcción antitética entre la serenidad de la muerte y la «borrasca» de su dolor, cuyo efecto la naturaleza refuerza, prepara al lector hacia el enigma último del ser humano. A la base afectiva personal, que se revela en el plano referencial—la muerte de un hijo de la poetisa en la infancia—se une la preocupación universal del hombre. La fe cristiana se confunde con la religión primitiva cuando la inmortalidad se busca «en el cielo, en la tierra, en lo insondable.» La tierra: el polvo que se convierte en «yerba pujante», sugiere otra alusión a la reencarnación. Lo insondable hace pensar en el deseo de lo infinito de la raza céltica, que según Renan pasa más allá de la tumba.[17] La relación con la veneración de los muertos por los celtas incluye además el deseo de una conexión no sólo espiritual sino corporal con los muertos que se explica si se considera la concepción que los celtas tienen de la vida y de la muerte según Renan:

> Nowhere has reverence for the dead been greater than among the Breton peoples; nowhere have so many memories and prayers clustered about the tomb. This is because life is not for these people a personal adventure, undertaken by each man on his own account and at his own risks and perils; it is a link in a long chain, a gift received and handed on, a debt paid and a duty done (pág. 147).

Rosalía debe sentirse parte de esta cadena como portadora de una tradición en que no se concibe interrupción de los nexos que mantienen viva la herencia de la raza cuando dice: «No; no puede acabar lo que es eterno / ni puede tener fin la inmensidad.» Según Jean Markale en *Les Celtes et la civilisation celtique,* para los celtas la muerte era sólo parte de una larga vida que continuaba por medio de la reencarnación al infinito. De ahí los ejemplos numerosos de contactos entre el mundo de los muertos y el de los vivos en la tradición céltica.[18] Pero para el hombre, al fin, no hay reencarnación personal en este mundo y la solución cristiana queda, por cierto, muy lejos cuando ella concluye: «Nada hay eter-

José Rubia Barcia

no para el hombre, / en este mundo terrenal, / en donde nace, vive, y al fin muere, / cual todo nace, vive y muere acá.» El hombre queda así puesto a la par con el resto de la naturaleza. Su fe es tan transparente como la sugerencia en el poema 58: la voz dulce que «resuena en su oído» y dice: «Pobre alma, espera y llora / a los pies del Altísimo; / no olvides que al cielo / nunca ha llegado el insolente grito / de un corazón que de vil materia / y de barro del Adán formó sus ídolos,» es una voz débil que no acaba con sus dudas, aunque lleva implícita la respuesta espiritual, igual que la pregunta «Qué andáis buscando en torno a las tumbas? ...» con que parece rechazar el culto de los muertos: «No os ocupéis de lo que al polvo vuelve¡» Pero no abandona el deseo de lo infinito, de la inmortalidad en el refrán que se repite: «No; no puede acabar lo que es eterno / ni puede tener fin la inmensidad.» Subsiste, al fin, el efecto de que en su búsqueda de Dios Rosalía sólo encuentra «la soledad inmensa del vacío.»

En el proceso de su escritura se anticipa así el próximo problema enigmático: «¿Qué es soledad?» que se desarrolla en las poesías que siguen (Nos. 59-64). Es el estado en que toda la hermosura de la naturaleza que los cambios de las estaciones aportan ya no tienen efecto, pues la poetisa vive sumida en sí misma, en su propio dolor: «Hermosas son las estaciones todas / para el mortal que en sí guarda la dicha; / mas para el alma desolada y huerfana no hay estación risueña ni propicia» (No. 60). Prepara así la interrogación que el próximo poema introduce:

> Un manso río, una vereda estrecha,
> un campo solitario y un pinar,
> y el viejo puente rústico y sencillo
> completando tan grata soledad.

> ¿Qué es soledad? Para llenar el mundo
> basta a veces un solo pensamiento.
> Por eso hoy, hartos de belleza, encuentras
> el puente, el río y el pinar desiertos (No. 61).

La oposición básica entre lo eterno y lo caduco sigue determinando el rumbo de su escritura cuando la poetisa de nuevo busca la inmortalidad en la tierra, en el ciclo solar de la naturaleza que hace posible que de las hojas muertas del otoño vuelva a nacer la eterna verdura de la primavera.

> Moría el sol, y las marchitas hojas
> de los robles, a impulso de la brisa,
> en silenciosos y revueltos giros
> sobre el fango caían,
> ¡ellas, que tan hermosas y tan puras,
> en el abril vinieran a la vida!
>
> Ya era el otoño, caprichoso y bello,
> ¡cuán bella y caprichosa es la alegría!
> Pues en la tumba de las muertas hojas
> vieron sólo esperanzas y sonrisas (No. 63).

Esta misma esperanza con una implicación personal concluye el libro *En las orillas del Sar* con una noción céltica primitiva de la inmortalidad en el último poema del libro que, según Mayoral— quien lo cita en la versión original—se omite en la mayoría de las ediciones, probablemente por la sugerencia poco cristiana que encierra:

> —¡Moriré en el otoño!
> —pensó, entre melancólica y contenta—
> Y sentiré rodar sobre mi tumba
> las hojas también muertas.[19]

Tanto este poema como la «procesión de muertos» que aparece en «Estranxeira na sua patria» (*Follas Novas),* han inspirado la observación de Marina Mayoral con respecto a la sorprendente coexistencia de un «mundo pagano de sombras errantes» con «ideas ortodoxas de un catolicismo aprendido desde niña» como dualidades de su visión del mundo, vividas no racionalizadas (p. 33). Según Mayoral, «Rosalía podrá dudar de la inmortalidad del alma, de la existencia de un premio o un castigo tras la muerte...pero cree en las sombras. Las sombras están más allá de su duda individual, pertenecen al acervo cultural de un pueblo que se niega a abandonar la tierra cuando muere» (p. 33). Estas conclusiones concuerdan en principio con los resultados del presente estudio, con la excepción de que Mayoral se limita a hablar de raíces paganas y populares sin referencia explícita a lo céltico.

Con el análisis de la voz personal de Rosalía Castro en su doble aspecto de afectividad y estructuración se ha procurado elucidar el proceso de su escritura en que del trasfondo de su situación afectiva surgen los enigmas centrales de valor universal. Su modo de concebir el deseo de la inmortalidad ha permitido deducir el nexo con el fondo cultural de raíces célticas que aparece como una voz de su conciencia, sentida pero no conceptualizada. Es decir, se revela la participación de la poetisa gallega en la «intrahistoria» según el concepto unamuniano de un substrato de la tradición del pueblo como parte de la vivencia individual.

NOTAS

1. *La poesía de Rosalía Castro* (Madrid: Gredos, 1974). Conviene mencionar que aunque el nombre de la poetisa generalmente aparece en la forma de Rosalía de Castro, es preferible llamarla Rosalía Castro, ya que Castro es su apellido materno, y ella misma solía firmar Rosalía Castro de Murguía.

2. *Manner and Mood in Rosalía de Castro: A Study of Themes and Style* (Madrid: José Porrúa Turanzas, 1968), especialmente capítulo V. «Nature: Cantares Gallegos,» págs. 231-61.

3. The Poetry of the Celtic Races (trad. de *Essai sur la poésie des races celtiques)* en *Harvard Classics: Literary and Philosophical Essays,* ed. Charles W. Eliot (New York: Collier & Son, 1910), pág. 160.

«Their mythology is nothing more than a transparent naturalism, not that anthropomorphic naturalism of Greece and India, in which the forces of the universe, viewed as living beings and endowed with consciousness, tend more and more to detach themselves from physical phenomena, and to become moral beings; but in some measure a realistic naturalism, the love of nature for herself, the vivid impression of her magic, accompanied by the sorrowful feeling that man knows, when, face to face with her, he believes that he hears her commune with him concerning his origen and his destiny.»

4. Cf. Sister María Pierre Tirrell, *La mística de la saudade* (Madrid: Ediciones Jura, 1951); Luisa Carnés, *Rosalía de Castro: raíz apasionada de Galicia* (México, 1964).

5. *Galicia,* en la serie *España, sus monumentos y artes, su naturaleza e historia* (Barcelona: Daniel Cortezo, 1888); especialmente capítulo II, «Los celtas», págs. 107-243).

6. Manuel Murguía, «Rosalía», intro. Rosalía de Castro, *En las orillas del Sar,*

Obras completas III, Nueva edición (Madrid: Editorial Páez, s.a.).
7. *Structuralism and Semiotics* (Berkeley and Los Angeles: University of California Press, 1977).
8. Cf. Roland Barthes, *Le degré zero de l'écriture* (Paris: Seuil, 1953 y 1970); *S/Z* (Paris: Seuil, 1970), trad. Richard Miller, intro. Richard Howard (New York: Hill and Wang, 1974).
9. *L'écriture et la différence* (Paris: Seuil, 1967); *De la Grammatologie* (Paris: Editions Minuit, 1976).
10. *The Implied Reader* (Baltimore: Johns Hopkins University Press, 1974), versión inglesa por el autor del original alemán *Der Implizite Leser* (München: Fink, 1972); *The Act of Reading* (Baltimore: Johns Hopkins University Press, 1978), versión inglesa por el autor de *Der Akt des Lesens: Theorie aesthetischer Wirkung* (Múnchen: Fink, 1976).
11. *Gramática de Cántico: Análisis semiológico* (Santiago de Compostela: Planeta/Universidad, 1975).
12. Barthes, *S/Z*, págs. 18-20. Cf. también Hawkes, págs. 116-18.
13. Claude Lévi-Strauss, *Totemism (Le Totémism aujourd'hui)* (Paris: P.U.F., 1962), trans. Rodney Needham (Penguin Books, 1969), pág. 171; Cf. Hawkes, pág. 56-7.
14. Mayoral, pág. 161.
15. Cf. Gerhard Herm, *The Celts: The People Who Came Out of the Darkness* (London: Weidenfeld and Nicolson, 1976), trad. inglesa de la edición alemana (Econ Verlag, 1975). «In Gaul and Galatia the oak above all was venerated (...). Trees supported the firmament and opened a path to the gods...»
16. Renan, pág. 161. «The worship of forest, and fountain, and stone is to be explained by this primitive naturalism, which all the Councils of the Church held in Brettany united to proscribe. The stone, in truth, seem the natural symbol of the Celtic races. It is an inmutable witness that has no death.» Cf. también Murguía, *Galicia*, pág. 112. «Los castros, los túmulos, piedras y fuentes, sagrados todavía a los ojos del campesino, las virtudes de que les cree dotados, las leyendas que a ellos viven adheridas, son otros tantos pruebas del origen céltico—y aun pudiera añadirse—sólo céltico de nuestras gentes. Importa pues decirlo, importa consignar que aquí, integro, sin mezcla, informando nuestro ser moral y materialmente, dándole tono, importancia y vida activa, se agita, se manifiesta, está entera nuestra anterior existencia, de la cual todo viene y en la que todo confluye y va a perderse y morir.
17. Renan, pág. 149. «This race desires the infinite, it thirsts for it, and pursues it at all costs, beyond the tomb, beyond hell itself.»
18. *Les Celtes et la civilisation celtique: mythe et histoire* (Paris: Payot, 1970), pág. 46. «La mort, s'il faut en croire Lucain, n'était pour les celtes que le milieu d'une longue vie. Mais il n'y avait pas d'idée de recompense et de châtiment. On vivait, sur cette terre, puis ailleurs, on se re'incarnait, à l'infini.»

TABLAS

TABLA 1

Valores positivos

	Lo eterno *Naturaleza*	*Lo caduco* *Fe y esperanza*	*Pasado* *de la poetisa*
55.			
I.	follaje perenne que oir deja rumores extraños mar de ondulante verdura amorosa mansión de los pájaros	templo	que tanto quise
II.	las ondas de luz, que el espacio llenan los bosques y alturas los floridos senderos donde en cada rincón		
III.		La esperanza sonriendo el toque sonoro con sus ecos	me aguardaba que entonces a llamarme venía

                                                           anunciaban
                                                           alumbraba

un rayo del sol dorado   veía
puro el aire   que llevaban
la luz sonrosada   que en otro tiempo
                                                           adoramos

                        despertar
entre nubes de incienso   dichoso
visiones con alas de oro   la venda celeste
                               de la fe
Ese sol es el mismo

lleno aún de blancas fantasmas

no acuden a mi conjuro   y a través del espacio y
                                               las nubes
                                          y del agua en los
                                               limbos confusos
                                          y del aire en la azul
                                               transparencia,
                                          blanca y desierta la vía
en vano las llamo y las busco   entre los frondosos
                                               setos
                                          y los bosques y arroyos
                                               que bordan
atraerme parece y brindarme   sus orillas con grato
                                               misterio
a que siga su línea sin término   el camino antiguo…
                                               aunque triste,
                                               escabroso y
                                               desierto,

y cual nosotros cambiado,

TABLA 2

Valores positivos			Pasado
Lo eterno Naturaleza	Lo caduco Fe y esperanza		de la poetisa
IV. ...senda amiga donde una fuente brota siempre serena y pura			
la cándida abubilla bebe en el agua mansa Fondons cerca descansa;	he creído de la esperanza hermosa		donde un tiempo beber
V. ¡Cuán hermosa es tu vega! ¡Oh Padrón! ¡Oh Iria Flavia! Mas el calor, la vida juvenil y la savia			que extraje de tu seno
De sus suaves rumores la acorde consonancia			

VI.

donde las fuentes brotan
eternas de la vida

¡Oh tierra, antes y ahora,
siempre fecunda y bella!

del Sar cabe la orilla

                                      Valores negativos

Presente		
Presente de la poetisa	*duda incertidumbre*	*odio / amor*
desengaño		
caigo en la senda amiga	y con mirada incierta	
busca por la llanura	no sé qué sombra vana	
	o qué esperanza muerta,	

                              por la inconstancia
                                  ciega
                              una ilusión querida
                              un suspiro de amor

         no sé qué flor tardía
         de virginal frescura
         en la vía arenosa y
             desierta.

                    la aguas del olvido
                    que es de la muerte
                        hermano;

                                    de mi existencia oscura
                                    en el torrente amargo

                                              tus flores de virginal
                                                  fragancia
                                              su azul el cielo
                                              el campo su frescura
                                              el alba su candor

         que no crece

         y hoy bebiera anhelosa

                    pasaron cual barridas

                    ya para el alma yerta
                    tornóse bronca y dura
                    a impulsos del dolor
                    secáronse

                    perdió

La nieve de los años
de la tristeza el hielo constante,
al alma niegan

Sólo los desengaños
avivan los dolores
que siente el pecho mío
me destierran del cielo

Viendo

al acabarme
siento la sed devoradora
que ahoga el sentimiento

En mi pecho ve juntos
mi para siempre frío y agotado mi seno.

Sólo los desengaños
y de la duda el frío

cuán triste brilla
nuestra fatal
estrella

y jamás apagada
Ya en vano el tibio
rayo
de la naciente
aurora...
valles y cumbres dora
con su resplandor
vivo
en vano llega mayo de
sol y armoas lleno,
con su frente de niño
de rosas coronada

toda ilusión amada
todo dulce consuelo

el odio y el cariño
pena y gloria

TABLA 3

Inmortalidad

Lo eterno	Lo caduco
Naturaleza	

56.
Los unos altísimos,
los otros menores,
con su eterno verdor y frescura
...
van en ondas subiendo hacia el cielo
los pinos del monte.
en pájaro o fuente
en árbol o en roca

                                                          mi niño, tierna rosa
                                                          durmiendo se moría

57.
Tierra sobre el cadáver insepulto
antes que empiece a corromperse...
¡tierra!
...
bien pronto en los terrones removidos
verde y pujante crecerá la yerba

No; no puede acabar lo que es eterno
ni puede tener fin la inmensidad.

En el cielo, en la tierra, en lo insondable

huésped de un día

cual todo nace, vive y muere acá.
La inmortalidad se pone en duda

58.
Una luciérnaga entre el musgo brilla
y un arco en las alturas centellea;
abismo arriba, y en el fondo abismo:
¿qué es al fin lo que acaba y lo que
   queda?
En vano el pensamiento
indaga y busca en lo insondable, ¡oh
   ciencia!
Siempre al llegar al término ignoramos
qué es al fin lo que acaba y lo que
   queda.
acá abajo los yermos de la vida
más allá las llanadas del vacío
Desierto el mundo, desplobado el cielo
lleno aún de blancas fantasmas

que en otro tiempo
adoramos

Presente de la poetisa	duda incertidumbre	Valores negativos odio / amor
desde mis ventanas veo		
si le quiero	no sé decir ya dudo si	el rencor al amor
vive unido...en mi pecho		
la lucha que rinde viajero errante	incertidumbre amarga no sabe donde dormirá	
en sus lares primitivos halla un breve descanso apenas de su cárcel estrecha y sombría osa dejar las tinieblas Cual si en suelo extranjero me hallase tímida y hosca contemplo desde lejos		negras traiciones dichas
oigo el toque...		

*Presente
de la poetisa*

El viajero rendido y cansado
que ve del camino la línea escabrosa
que aún le resta que andar

*Anhelo de inmortalidad
en la reencarnación*

    anhelara
    de repente quedar con-
    vertido
        en pájaro o fuente
        en árbol o en roca

*En su anhelo de inmortalidad la fe
cristiana se confunde con las
creencias primitivas*

*Falta de reencarnación
personal
del ser humano*

¿Qué andais buscando en torno de las tumbas
torvo el mirar, nublado el pensamiento?
¡No os ocupéis de lo que al povo vuelve!
Jamás el que descansa en el sepulcro
ha de tornar a amaros ni a ofenderos!
¡Jamás! ¿Es verdad que todo
para siempre acabó ya?

Tú te fuiste por siempre; más mi alma
te espera aún con amoroso afán,

y vendrás o iré yo, bien de mi vida
allí donde nos hemos de encontrar.
Algo ha quedado tuyo en mis entrañas
que no morirá jamás,
y que Dios, porque es justo y porque
   es bueno,
a desunir ya nunca volverá.
yo te hallaré y me hallarás

Pérdida de fe

Arrodillada ante la tosca imagen
mi espíritu abismado en lo infinito,
impía acaso, interrogando al cielo
y al infierno a la vez, tiemblo y vacilo:
   Qué somos? ¿Qué es la muerte?...
vuelve a mis ojos la celeste venda
de la fe bienhechora que he perdido...
enferma el alma y el polvo hundido...
En mil pedazos roto
mi Dios cayó al abismo
y el buscarle anhelante sólo encuentro
la soledad inmensa del vacío.

Nada hay eterno para el hombre,
en este mundo terrenal
en donde nace, vive, y al fin muere,
cual todo nace, vive, y al fin muere acá

HACIA UNA INTERPRETACION DE LA IRONIA EN *LA REGENTA* DE CLARIN

JOSE SCHRAIBMAN Y LEDA CARAZZOLA
Washington University, St. Louis

Para Leopoldo Alas, «el arte es una manera irremplazable de tomar conocimiento y conciencia de un mundo, bajo un aspecto especial de totalidad y de sustantividad que no puede darnos el estudio cientifico.»[1] Este conocimiento se nos entrega en forma muy efectiva por medio de la novela, pues en ella se representa la realidad de modo tal que el lector asiste al espectáculo que se le ofrece, sin tener plena conciencia del medio por el cual éste se le ofrece.[2] Sin embargo, en una novela como *La Regenta,* dada su complejidad, es necesario un análisis más detenido de los medios por los cuales se representa la realidad. Y, uno de los medios de representación de la realidad y de su interpretación utilizados por Clarín en su novela es la ironía.

En la novela que estudiamos, la ironía posee, a nuestro parecer, dos objetivos fundamentales: el primero, como ya dijimos, es tomar conocimiento de un mundo y el segundo, tomar conciencia de él. Pero esta toma de conocimiento y conciencia, no está exenta de compromiso: la ironía utilizada exige una actitud crítica de narrador y lector frente a la realidad representada. Esta, en efecto, está representada irónicamente por el autor, pero a su vez, constituye una ironía en sí misma. De allí que sea frecuente encontrar en la novela, no sólo la interpretación que el narrador hace de la situación (realidad) en que se encuentran los personajes: «—Lo primero es lo primero—dijo el de Palomares aludiendo a la Divinidad y haciendo una genuflexión (no se sabe si ante la Divinidad o ante el Provisor),»[3] sino la interpretación que los personajes mismos hacen acerca de su propia realidad: «¡Vaya una manera de hacer examen de conciencia!» pensó doña Ana avergonzada» (pág. 61). A su vez, al mostrar al lector la reacción de uno de los personajes frente a su realidad, el autor, les hace hablar con un lenguaje que, por lo exagerado o incorrecto, permite, o más bien induce, al lector a una interpretación irónica; así la señora de Infanzón, ofendida por la conducta observada por Obdulia y Saturno en la catedral, piensa para sus adentros (en lenguaje coloquial): «¿Y la doña Obdulita? No, y que parecía maestra en aquel tejemaneje. No habían desperdiciado ni una sola ocasión. ¡Claro! y así les habían traído y llevado por desvanes y bodegas, muertos de cansancio. En cuanto estaba oscuro...¡claro!...se daban la mano» (pág. 54).

De este modo, la utilización de la ironía en la novela, compromete no sólo al autor, sino también al narrador, al lector y a los personajes mismos. De allí que para interpretar su significado sea necesario distinguir, en cada caso, al sujeto de la ironía. Estas distinciones se complican aun más, si pensamos en los tipos de ironía utilizados en la novela, en la distinción tradicional entre ironía clásica e ironía romántica.[1] La ironía clásica, se utiliza al modo de Sócrates, como un momento del método de conocimiento de la realidad y consiste en la infravaloración que el sujeto hace de sí mismo y de su propio conocimiento. En la novela, Ana pretende conocer el camino de la virtud, y frente a su confesor reconoce su incapacidad y su ignorancia: «No sé ser buena; tiene usted razón, no quiero la virtud si no es pura poesía, y la poesía de la virtud parece prosa al queno es virtuoso...Ya lo sé. Por eso quiero que usted me guíe» (pág. 493). Pero, como le ocurre a Sócrates, esta infravaloración de sí misma de Ana, se vuelve contra sí misma; he allí la ironía trágica de Sócrates. Ana se entrega en poder del Magistral quien la quiere para sí mismo, para satisfacer su amor, y para satisfacer su vanidad. Por ese medio, ella no llegará al conocimiento. En Sócrates, la ironía se torna trágica también por dos caminos: porque la infravaloración de sí mismo le llevará a beber la cicuta a pesar de la Apología como a Ana el poder del Magistral, y porque aún teniendo una idea del conocimiento que persigue, la virtud, no logrará alcanzarlo, pues cuanto más conoce, más conoce su ignorancia. Esto le ocurre a Ana cuando compara su grado de virtuosidad con el de Santa Teresa (pág. 585).

La ironía romántica, en cambio, consiste en una sobrevaloración del yo, lo cual lleva al poeta o al filósofo a despreciar la realidad como autónoma y a considerarla sólo en función de sí mismo. Adquiere significación especial que trasciende la mera apariencia y la refiere al estado de ánimo del sujeto. Ana, en la fuente de Maripepa, después de su confesión general, la primera con el Magistral, piensa: «El lugar de la escena era lo de menos; la variedad, la hermosura, estaban en las almas. Ese pajarillo no tiene alma y vuela con alas de pluma, yo tengo espíritu y volaré con las alas invisibles del corazón, cruzando el ambiente puro, radiante de virtud.» (pág. 212). Pero la realidad es más poderosa que el espíritu romántico, y la interpretación subjetiva de la realidad debe ceder ante su poder: «Se estremeció de frío. Volvió a la realidad...Un coro estridente de ranas despidió al sol desde un charco del prado vecino.» (pág. 212). La posibilidad de revelación del alma, se ve destruída por la fuerza de la misma realidad que la había ofrecido. La ironía romántica destruye, según Kierkegaard, la actualidad dada, por sí misma. Sin embargo existe además otra forma de ironía, relacionada esta vez con el Romanticismo; ésta, constituye una especie de ironía histórica por la cual los autores postrománticos se refieren irónicamente a la ironía romántica. Constituye una reflexión sobre la reflexión romántica y destruye no sólo la posibilidad de realización encontrada en la naturaleza por el sujeto romántico («Volaré con las alas invisibles...»), sino también la realidad misma, cuya fuerza, que aparecía destructiva al espíritu romántico aparece irónicamente desfigurada al postromántico: «Un coro estridente de ranas despidió al sol desde un charco del prado vecino. Parecía un himno de *salvajes paganos* a las tinieblas que se acercaban por oriente. La Regenta recordó *las carracas*[5] de Semana Santa...» (pág. 212). Quien desfigura la realidad en este caso, ya no es la Regenta, sino el narrador, la voz del autor, espíritu claramente postromántico.

Ni la una, ni la otra formas de ironía son suficientes para el propósito de la novela. Ambas lo son desde un punto de vista interno: para analizar la situación de los personajes en su realidad y para mostrar el modo cómo éstos conocen e interpretan su propia realidad. Pero para lograr los propósitos novelescos de Clarín hace falta todavía otra forma de ironía. Y ésta es la ironía estética, entendida en su forma más simple como un proceso de expresión contraria a la actitud mental que la origina. Esta forma de ironía, en Clarín, está estrechamente relacionada con su mentalidad crítica, ligada a una tendencia moralista. Por una parte se da el epicureismo; por otra la moral. Así Ana al solazarse en la contemplación de la hermosura de don Alvaro que se había acercado a ella pensaba: «No podía haber pecado ni cosa parecida en reconocer que todo aquello era agradable, parecía bien y debía ser así» (pág. 332).

En efecto desde la concepción estética del romanticismo que concibió al arte como creación, original del Absoluto, según lo entendía Schelling, y como manifestación de la creación divina, por la belleza, según lo entendía Fichte, se llegó a una concepción ética de la creación estética, en el idealsimo postkantiano.[6] De allí, la importancia que adquiriera el humor en la creación estética, como un modo de contraponer una realidad dada, a un ideal. La ironía, en este caso, tiene por objeto destacar la lejanía en que se halla la realidad, con respecto de ese ideal. En *La Regenta,* Clarín acude reiteradas veces a este expediente. Se propone, con ello, alcanzar los objetivos enunciados anteriormente; es decir, mostrar la realidad tal como ella se presenta y criticarla por contraposición a un ideal. De allí, que uno de los recursos más utilizados para la ironía sea la antítesis. Clarín muestra una predisposición de ver en el arte y en el juicio estético una forma de conocimiento y valoración crítica de la realidad.

La antítesis, aparece en la novela oponiendo diferentes parejas de elementos:

—Lo que se dice y lo que se hace: «eso será de boquirris» (pág. 6), dice Bismarck, un pillo ilustre de Vetusta cuando uno de sus compañeros le hablaba de la humildad del Papa, quien se dice algo así «como...el criao de toos los criaos» (pág. 6).

—Lo que se es lo que se pretende ser: «el vecindario noble, o de tales pretensiones por lo menos, era triste, casi miserable» (pág. 17).

—Lo que se parece ser lo que se es en realidad: «Lo de parecer clérigo no era sino muy a su pesar. El se encargaba unas levitas de tricot como las de un lechuguino, pero el sastre veía con asombro que vestir la prenda don Saturno y quedar convertida en sotana era todo uno» (pág. 26), y más adelante el parecerle el Magistral a Ana un santo, cuando él mismo se horroriza de sus propios pecados: «Oh, si la Regenta supiese quién era él, no le confiaría los secretos de su corazón» (pág. 274).

—Lo que se es y lo que se debe aparentar ser frente a la sociedad: el Magistral y doña Paula, su madre deben aparentar estrechez: «él, lo pensaba con orgullo, había nacido para aquello; pero su madre codiciosa, la fortuna propia insuficiente para tanto esplendor, el estado eclesiástico, la necesidad de aparentar modestia y casi estrechez...» (pág. 318). Así como las señoritas de la aristocracia vetustense, deben aparentar una virtud que no poseen: «Tú habrás notado que en público los de la clase jamás faltan a la más esctricta y meticulosa...eso, decencia...Pero en el trato íntimo, el que no es más que de la clase, ya es otra cosa» (pág. 113). Todas estas antítesis, pretenden, por medio de la ironía que encierran, entregarnos un conocimiento exacto de la realidad; así se nos muestra la hipocresía, el arribismo social, la mentira, las falsas apariencias y la ignorancia de una sociedad cuya sabiduría está representada por el «*Diccionario* y la *Gramática*» de la Academia.

Pero frente a estas antítesis cuyo objeto es procurar un conocimiento de la realidad, están estas otras, que pretenden contraponer esa realidad caduca a un ideal; ellas contraponen aquello que se es en realidad y aquello que se debe ser: así, se contrapone la figura del Magistral y de los otros curas jóvenes, elegantes, «tan buenos mozos, tan lechuguinos, tan relucientes» (pág. 292), con la figura humilde de Fortunato Camoirán, el santo Obispo de la Diócesis, modelo de sacerdote; y la figura de Obdulia, liviana y coqueta, a la de la Regenta, modelo de virtud.

Sin embargo la ironía hace que precisamente no se logre el ideal propuesto, ya sea porque quienes debieran aspirar a él no lo hacen, o porque el ideal mismo es nada más que un falso ídolo. La intención moralista de Clarín se cumple sólo al señalar por medio de la ironía, las bajezas de la sociedad que está pintando. A modo de advertencia, se muestra al lector un mundo corrompido y la catástrofe a que la corrupción puede llevar. El ideal, como en la ironía socrática, si bien se vislumbra, no se ve claramente y por lo tanto, no se puede alcanzar. Esto se representa al final de la novela, cuando don Víctor, en el terreno del duelo piensa: «¡Qué amarga era la ironía de la suerte! ¡El, él iba a disparar sobre aquel guapo mozo que hubiera hecho feliz a Anita, si diez años antes la hubiera enmorado!» (pág. 845). La ironía socrática se torna trágica.

Esta misma ironía trágica es la que confiere a la obra un tono de tristeza que el mismo Clarín reconoce para algunas de sus obras. Por ejemplo, en el *Epistolario a Menéndez Pelayo* se lee «Mi modo de entender el arte y sobre todo la novela, hace pensar que me domina el *pesimismo,* y no hay tal cosa. No me domina, me *hante* como dicen los franceses; después viene la reacción reflexiva y sentimental, que es lo que yo espero que en el conjunto de mis pobres libros se destaque a la larga. Pero lo primero es la *sinceridad del estado presente.*»[7] En este párrafo, Clarín responde a un comentario de Menéndez Pelayo acerca de la tristeza que comunica a la

Regenta la presencia de tanto cura. Consecuente con su teoría estética y de la novela especialmente, Clarín desciende a los «abismos de la sociedad» y muestra sus defectos, sus vicios, especialmente, en la España de la Restauración. Raras veces aventura un juicio directo y cuando lo hace, esconde su autoridad de autor-narrador tras la figura de algún personaje. De este modo compromete al lector. Es el lector quien en último término deberá llevar a cabo la reflexión de que habla Clarín en el texto que hemos citado. Esto explica, en parte, la estructura abierta de la novela. Los cortes que utiliza obligan al lector a interpretar y, por lo tanto, a juzgar. Esta es una de las características de la ironía, lo que le da una apariencia ilógica, pues en su expresión lingüística, la ironía aparece como lo contrario de lo que se piensa.

No toda la ironía que existe en la novela se expresa lingüísticamente, ni los elementos de algunas de las antítesis que tienen efecto moral, se presentan simultáneamente. Así, Ana, que al comienzo de la novela es presentada como modelo de virtud, al final aparece como la encarnación del escándalo y Obdulia, de quien todo el mundo sabía lo que era, ella, «no había dado nunca un escándalo» (pág. 852).

Las situaciones en que se encuentran algunos de los personajes, son, como hemos dicho antes, irónicas en sí mismas: el entierro de don Santos Barinaga, constituye una «manifestación anticlerical» (Véase el cap. 22), y mientras al moribundo se le ofrecía, antes de su muerte el «pan del alma,» lo que él necesitaba en realidad era el «pan del cuerpo,» pues moría de hambre. Más adelante, otro entierro, el del ateo convertido, constituye esta vez, el triunfo de la clerigalla, específicamente, el triunfo del Magistral (cap. 26).

Las hipótesis absurdas, constituyen otro elemento falacioso por el cual se expresa la ironía. Don Víctor Quintanar, en sus entusiasmos por la representación teatral, imagina la hipótesis *absurda* de que su esposa lo engañe. Esta hipótesis más adelante deja de serlo; y de ser absurda, pasa a convertirse en una realidad.

Las falacias mismas, en cuanto falsos argumentos lógicos, sirven a los personajes para justificar sus malas acciones: Ana, no ve pecado en dejarse seducir por Alvaro si no le entrega su cuerpo, a pesar de haberle entregado mil veces su alma. El cristianismo de Ana es falsamente cristiano y su fidelidad lo es también, puesto que para el católico basta pecar con el pensamiento para que haya pecado. Sin embargo, los argumentos de Ana son intencionalmente falaciosos y ella lo reconoce. Esto explica lógicamente los extremos en que la hacen incurrir los remordimientos. La antítesis entre el argumento lógico y el falacioso hacen oscilar al personaje entre la justificación de su acción y el arrepentimiento. Lo mismo le ocurre a Fermín. Ambos personajes sufren las mismas cavilaciones. Fermín siente pequeños remordimientos cuando actúa fríamente y en su beneficio, pero el recuerdo de los sacrificios y de las exigencias de su madre, le hacen desechar los remordimientos y continuar sirviendo a sus intereses: «¿No era él un curial que se hacía millonario para pagar a su madre deudas sagradas y para saciar con la codicia la sed de ambiciones fallidas?» (pág. 314).

Pero, estos elementos lógicos, que por lo falaciosos, ya dijimos, encierran ironía, no son suficientes para cumplir la tarea estética moralista que se ha propuesto Clarín: «el novelista no es artista tampoco si no hace, en general, lo que se proponía y como se lo proponía», dice Clarín en *Ensayos y Revistas* (pág. 387).[8] El lo hace tal como se lo había propuesto y es así que la utilización lingüística de la ironía da categoría estética a la obra.

Múltiples son los recursos lingüísticos utilizados por Clarín para ironizar. En el uso lingüístico de la ironía en la novela se ve la mano del autor implícito. Aquí, ya no se oculta discretamente tras el personaje para representar una situación o la realidad. A veces, incluso, se ve en la obligación de explicar el uso irónico del lenguaje: «se alababn mutuamente con pullas discretas, por medio de antífrasis; ya se sabía que una censura desvergonzada quería decir todo lo contrario: era un elogio sin pudor» (pág. 341). Estas formas que ha explicado ya anteriormente el narrador (pág. 249): «Es de advertir que el tono de broma en que estas palabras fuertes se decían les quitaba toda gravedad y aire de ofensa», son utilizadas a menudo a lo largo de la obra, recurre para ello, el autor, a locuciones del lenguaje coloquial cuando hace hablar a sus personajes: «señor economista cascaciruelas-viborezno librepensador-Voltaire de monterilla-Lutero con cascabeles» dice Ripamilán a Foja en el corrillo del Espolón (cap. 11).

Otras veces utiliza el autor las expresiones populares con segunda intención sin explicarlas: «A mí, que soy tambor de marina» dice Visitación cuando le hablan de la virtud incorruptible de doña Ana. No sólo las locuciones, sino también la música popular se utiliza irónicamente: en la misa del gallo (cap. 23) el órgano (que no es tal sino el organista—Clarín utiliza la metonimia como otro recurso para dar mayor humorismo al relato) sin hacer caso de Ripamilán que se preparaba a cantar el Evangelio, hace sonar la *mandilona:*

> Ahora sí que estarás contentón,
> mandilón,
> mandilón,
> mandilón.

para burlarse de Gloucester, que acababa de terminar la lectura de una epístola «despacio, señalando con fuerza las terminaciones en *us* y en *i* y en *is:* por el tono que se daba al leer, no parecía sino que la epístola de San Pablo era cosa del mismo Gloucester» (pág. 630).

El autor, desconfiando, al parecer de la sagacidad del lector, para captar el tono irónico, explica una y otra vez, y refuerza por diversos medios, el uso irónico del lenguaje. Uno de estos medios, como podemos ver en la cita anterior, es el burlarse del lenguaje de sus propios personajes.

Otra forma lingüística de ironía es la adjetivación. El superlativo y la locución adjetiva contribuyen a la ridícula exageración a que se lleva la admiración que profesan al Magistral tanto doña Ana como doña Petronila «El Gran Constantino»: el Magistral iba hermosísimo—él era su hermano muy *querido*—era un *santo* varón—un hombre *hermoso, fuerte.* Por otro lado, Fermín también recibe de su enemigos una cantidad de adjetivos que por lo extremados, no hacen más que revelar la envidia y maldad de quienes los profieren: lo llaman un prebendado *de oficio*—oscurantista—barullón y embustero, estos últimos epítetos se los da Foja indirectamente en el Casino (cap. 11) al decir que él mismo (Foja) no lo es. Por último, del mismo modo alude al Magistral como a un Candelas eclesiástico. El adjetivo se usa también con sentido analítico. Al llamar el mismo De Pas, *epiceno* al manteo, (pág. 264) alude al hecho de que la vestidura lo despoja de su condición de hombre, inutilizándolo sexualmente. El mismo uso tiene el adjetivo *inútil* aplicado a la fuerza muscular del Magistral. Por este motivo él debe usar una coquetería *epicena* (pág. 318). Con significado antitético se usa el adjetivo cuando se alude a la ciudad de Vetusta como la *Heroica* y la *noble* ciudad al comienzo de la obra pues ella «hacía la digestión de la olla podrida». El mismo uso tienen los adjetivos utilizados en los patronímicos: «la muy *ilustrísima* señora doña Rufina...marquesa de Vegallana», después de habernos enterado el narrador de que la ilustrísima señora consentía inmoralidades en su mansión. Con el mismo sentido antitético, pero con cierto cariño esta vez se usa el adjetivo cuando nos enteramos de que Su Señoría *Ilustrísima,* el Obispo, cosía sus botones y remendaba sus vestiduras. Paula lo llama *Ilustrísima polichinela* (p. 269).

El uso de los sustantivos con valor metafórico e irónico, y el uso de la metáfora en general, es otro recurso utilizado por Leopoldo Alas en su novela: la *Arcadia bucólica* se llama al Vivero donde tienen lugar los juegos sexuales de la aristocracia. La ironía es evidente cuando nos enteramos de que la Arcadia ha sido idealizada por los poetas como el lugar de la inocencia, de la felicidad y de la paz espiritual. Del mismo modo se utiliza la metáfora «mujer de hierro»: «si pensaría Quintanar que la Mujer es de hierro» (pág. 235). Es claro que no lo es; más bien es «pulvis» como dice Visitación. Fermín de Pas, reconoce en Ana a su tesoro (pág. 255), y por supuesto, ella constituye la *herencia* que le ha dejado Ripamilán cuando ya no quiere confesarla. Burlescamente se refiere el narrador a doña Paula, cuando presa de furia espera a Fermín que vuelve empapado del Vivero, por haber participado en la grotesca búsqueda de Ana durante la tormenta. Ella está seca y salva y él, furioso consigo mismo, desea que un trueno destruya a la humanidad miserable, pero *truenos* le esperan a él al llegar a su casa. El poder de la madre es satirizado por el narrador cuando nos explica la imagen de la rueda que ella se figura que es su hijo, movida por un tornillo. El la llama a ella *tornillo,* tomando como metáfora el segundo término de comparación de la metáfora que la misma doña Paula había elaborado. El mismo recurso utiliza cuando el Magistral, pensando que él domina a escarabajos, entra en su oficina y el narrador utilizando la metáfora de su personaje, nos dice que él entra mirando a los *escarabajos* (pág. 306) que tenía enfrente. En estos dos usos, nos damos cuenta de que el narrador se distancia, como autor, del mundo narrado y sutilmente distingue entre la interpretación que sus personajes dan a ese mundo y la que él mismo le da.

El mismo valor metafórico tiene el uso de la bisemia. Fermín deberá ayudar a Ana a buscar «el camino de las entrañas» (pág. 465), para ello era necesario abandonar aquel «marasmo intelectual,» los «anhelos panteísticos,» la «somnolencia melancólica,» el «plan suave,» la «cuerda floja.» La metáfora se desarrolla en base a la bisemia cuando Ana es atrapada por la máquina de cazar *Zorros* que deberían *sobrevivir.* En este caso el recurso es más complejo puesto que supone una anticipación. En efecto, Ana y Mesía sobrevivían a su crimen mientras que don Víctor, el cazador, es quien fallece. El hecho de ser él cazador, hace más cruel esta figura irónica, como vimos anteriormente, y ello comunica a la obra una atmósfera de tristeza.

La crítica a la forma de practicar la religión en Vetusta se expresa por medio de metáforas e imágenes irónicas. El autor se refiere a los participantes en la procesión del Viernes Santo como a «Máquinas de hacer religión.» Para aludir a la falsedad de las actitudes humildes de los clérigos habla de las «contorsiones místicas de la piedad» a las cuales estaban acostumbrados los ojos (pág. 259). Las murmuraciones a las cuales estaban acostumbrados los clérigos son para Clarín «dionisíacas de la injuria» (pág. 595).

Las imágenes construidas en base a personificaciones son utilizadas por Clarín para mostrar a un personaje lo absurdo de sus pensamientos o de su situación. Así, Ana sola en el parque medita, pero sus pensamientos la llevan como siempre a la exaltación: la realidad se impone con fuerza y es así que adquiere características animadas: los eucaliptos y la luna se burlan de ella (págs. 231 y 235 respectivamente). Pero él se burla de sus personajes por medio de dos recursos: 1. Los diminutivos. Doña Paula da «pata*ditas* en el suelo» en el colmo de su enojo (pág. 270), mientras que según Somoza, el médico Carraspique, la elección que las niñas hacían de la vida del convento no era libre, pues se las obligaba a recorrer Madrid, la gran tentación, con los *ojitos* en el suelo (pág. 282). 2. La distorsión. Por ejemplo, ironiza acerca de la contención de la ira a que debe disciplinarse el Magistral cuando distorsiona la locución popular «perder los estribos», diciendo de él, que se enfrenta al Obispo «perdiendo un estribo por lo menos» (pág. 305).

Por último, no podemos dejar de referirnos a un uso interesante que hace Alas de las personas gramaticales. Para delatar una cierta complicidad, de la cual se burla, por supuesto, entre Ana y el Magistral, utiliza en el diálogo entre ambos la primera persona plural. Así, obligados por las circunstancias, deben ceder ambos personajes a las exigencias de don Víctor de asistir al baile del Casino, pero, previo acuerdo de que «*iremos* subidos», esto es, sin escote. Es evidente la ironía en este tratamiento pues obviamente quien irá sin escote es Ana y no el Magistral. Del mismo modo en el entierro de Baringa, que como hemos dicho más arriba ha de ser una manifestación anticlerical, y dada la evidente contradicción en que se incurre y de la cual también se burla, utiliza el *se* impersonal para enterarnos de que «*se* convino en que *se* rezaría y *se* rezó (cap. 22).

Como es tan común en la novela del diecinueve, en Galdós sobre todo, la ironía existe para atacar aquellos males en la sociedad que al autor más le molestan. Clarín, como esencial moralista, ejerce una función didáctica, y la emprende contra el mal estado de la práctica de la religión en su época, contra la ignorancia y la falta de instrucción y educación, y contra la corrupción moral de la aristocracia y de sus políticos. La ironía clariniana es fuente de meditación y conocimiento, y su arte es tan cierto que *La Regenta* quizá sea la más «contemporánea» de las novelas del diecinueve.

NOTAS

1. Sergio Beser, *Leopoldo Alas: Teoría y crítica de la novela española* (Barcelona: Laia, 1972), pág. 31.
2. *Ibid.*, pág. 62.
3. En este caso la interpretación del narrador se incluye entre paréntesis, y alude al exceso de cortesía que algunos personajes atributaban al Magistral. Todas las referencias a páginas se refieren a la edición de *La Regenta* que manejamos (Barcelona: Planeta, 1963), pág. 33.
4. Para este ensayo hemos utilizado con provecho las siguientes fuentes: Soren Kierkegaard, *The Concept of Irony, with Constant References to Socrates*, Trans. and Intro. by Lee M. Capel (New York: Harper and Row, 1966), Werner Beinhauer, *El humorismo en el español hablado* (Madrid: Gredos, 1973(, Antonio Pagliaro, *Ironia e verità* (Milano: Rizzoli, 1970), María Helena de Novais Paiva, *Contribuicao para uma estilística da ironia* (Lisboa: Centro de Estudos Filológicos, 1961), Wayne C. Booth, *A Rhetoric of Irony* (Chicago: Chicago University Press, 1974), Ernst Behler, *Klassische Ironie, Romantische Ironie, Tragische Ironie. Zum Ursprung Dieser Begriffe* (Darmstadt: Wissenschaftliche Buchgesellschaft, 1972), Savino Blassucci, *Socrate. Saggio sugli aspetti costruttivi dell'ironia* (Milano: Marzorati, 1973(, Helmut Prang, *Die Romantische Ironie* (Darmstadt: Wissenschaftliche Buchgesellschaft, 1972).
5. El subrayado es nuestro
6. Para estos aspectos el libro de Kierkegaard citado en la nota 4 es de indispensable consulta.

7. Marcelino Menéndez y Pelayo, «Leopoldo Alas,» *Epistolario* (Madrid: Ediciones Escolar, 1943), pág. 55.
8. Citado por Emilio Clocchiatti, *Leopoldo Alas, «Clarín». Su crítica y estética* (Quebec: Ediciones La Critica, 1949), pág. 107.

RODRIGO SORIANO AND GALDOS: AN UNCHARTED FRIENDSHIP

PAUL C. SMITH
University of California, Los Angeles

Since the appearance in 1948 of H. Chonon Berkowitz's pioneering *Pérez Galdós: Spanish Liberal Crusader,* researchers have slowly been adding new facts to our knowledge of Galdós's life. But measured against major gaps in Berkowitz's information and questionable assumptions he made about Galdós, progress since 1948 towards compiling a reliable and comprehensive corpus of biographical information has been disappointing.

A few significant Galdosian documents have appeared. Certain letters in *Cartas del archivo de Galdós*[1] have clarified a number of relationships between the novelist and other literary figures. Carmen Bravo Villasante's slender edition of Emilia Pardo Bazán's *Cartas a Benito Pérez Galdós (1889-1890),*[2] discloses facts about the two writers' liaison and even about the genesis of several works. But in the more than three decades since Berkowitz's study appeared, few new letters by Galdós himself have been edited, nor have the contents of important letters in private hands been disseminated.[3] On a somewhat different level, Galdosistas have corrected several false assumptions about the novelist, such as the long prevalent belief that he knew English well.

There has also been one major biographical effort, Benito Madariaga's *Pérez Galdós, Biografía Santanderina.*[4] Madariaga recreates Galdós's life at the Santander chalet where the novelist spent his summers. We now know considerably more about how Galdós lived at «San Quintín» and even about what he wrote there.

Despite such contributions, knowledge about Galdós has not grown sufficiently since the appearance of Berkowitz's work to permit the writing of a genuinely new and authoritative biography of

Spain's greatest modern novelist. Eventually, the task must be undertaken, for a biography of the level of excellence that typifies life-studies of great English and French authors who were Galdós's contemporaries would benefit every area of Galdosian studies.

Admittedly, Galdós's penchant for privacy, even reclusiveness, has created serious obstacles for biographers. But unused sources of information exist. Among these are several of Galdós's lesser known friendships. As they are explored, new facts about Galdós should emerge and perhaps with them some new insights into his personality. Wanting to add a few new facts to our information about Galdós, I present here a sketch of his friendship with Rodrigo Soriano.

It is a commentary on the course of twentieth-century Spanish history that a man of Rodrigo Soriano's achievements is so little known today. Often referred to or mentioned briefly in studies on other writers, journalists, and politicians, Soriano himself has become a shadowy figure. The woefully inadequate sketch of Soriano in the *Enciclopedia Espasa-Calpe* is probably the single best source of information on him. It is therefore necessary to explain who Rodrigo Soriano was before discussing his friendship with Galdós.

***

Rodrigo Soriano Barroeta Aldámar was born in San Sebastián in 1868 and died in Santiago, Chile, in 1944. There was a period, approximately 1900-1920, when he was one of the most controversial political figures in Spain. He was especially known for having introduced into the Spanish Cortes, where for many years he was a deputy, a rapier sharp and very direct style of oratory. «Azorín» captures for us the atmosphere one day in the Cortes in 1904 as Soriano prepares to speak:

> El señor Soriano se levanta de su escaño. La Cámara se recoge ansiosa; las tribunas están repletas...El señor Soriano va a hablar. ¿Qué va a decir el señor Soriano? ¿qué hórridos anatemas y desaforados denuestos

saldrán durante esta tarde de sus labios?[5]

Soriano's father, D. Benito Soriano Murillo, a painter born in Mallorca, became «sub-director» of the Prado, as well as professor and «individuo de mérito» of the Real Academia de San Fernando. Rodrigo met many artists through his father and quickly acquired an understanding of painting. This led in 1892, at the age of twenty-four, to his being named art critic of the influential conservative Madrid daily *La Epoca,* where he had begun to collaborate the previous year. In 1921, he was to write *Darío de Regoyos (historia de una rebeldía),* a work reflective of these early years, when he became a companion of the excentric painter Regoyos, and one of his few early defenders. Soriano's book, praised by Unamuno and many others, remains a standard work on the impressionist painter.

From his mother's family, Soriano was heir to a distinguished Basque lineage and the title of «Caballero» of the Order of Santiago. He also inherited a fortune large enough to allow him to indulge his taste for travel, the arts, a gracious lifestyle, and the founding of several newspapers.

Soriano, while on vacation in northern Spain, served as Zola's guide during the Frenchman's 1891 visit to Spain.[6] He subsequently visited Zola at least four times in France, where he also introduced Blasco Ibáñez to the French novelist.

What was to characterize Soriano's long political life, sporadic shifts in the direction of ever more liberal or radical positions, is foreshadowed by his art criticism in *La Epoca* between 1892 and 1898, his last year of collaboration in that newspaper. For Soriano championed innovative or technically revolutionary painters over the favorites of Madrid art establishment.

Spain's military defeat in 1898 made Soriano identify openly with regenerationist forces. He was a major figure, if not the major one behind the founding in 1898 of the influential weekly *Vida Nueva,* to which writers and thinkers identified with the Generation of 1898 contributed articles. From 1896 to 1900 Soriano was also a critic for the influential *El Imparcial;* he wrote frequently in *Los Lunes de El Imparcial,* its literary supplement.

During his lifetime Soriano published more than twenty books, several of them quite prophetic with regard to subsequent events of Spanish history. But here, in addition to his book on Darío de Regoyos, only two merit mention. *Moros y cristianos*

(1894) is an account of Soriano's observations and experiences during a Spanish peace mission to Morocco. The work, which became very popular in its day, had a marked influence on Galdós's *Misericordia. Grandes y chicos,* n.d. *[1899]* contains incisive sketches of Spanish and French writers and artists whom Soriano knew, interviewed, or admired.

Soriano's most significant contributions, however, were political and journalistic. One can not hope to convey an accurate impression of their importance in these few pages. The following selected events may, nonetheless, capture something of the flavor of the life of the man who was the author of these events.

Soriano became the bosom companion of Blasco Ibáñez, to whose native Valencia he went in 1899 to coedit and modernize Blasco's daily *El Pueblo.* From 1901 to 1903 he served along with Blasco as a Republican deputy to the Cortes in Madrid. It was their teamwork that made Valencia the most powerful center of radical Republicanism in Spain. And Soriano, even more than Blasco, became famous for the shocking accusations he made against the government in the Cortes.

But in 1903 the two writer-politicians broke with each other. Soriano then founded in Valencia *El Radical,* a paper he used to combat the Blasquistas. He also founded and headed a local «Radical» Republican party, under whose banner he continued to be reelected deputy until 1909, when he left Valencia.

In 1909-1910 Soriano, now very much a fringe Republican, became one of the founders in Madrid of the «Conjunción Republicano-Socialista,» which was created largely in response to the events of the «Semana trágica» of July, 1909. As the «Conjunción» took shape, Soriano was to form within it a type of triumvirate with his old friend Galdós and his new friend Pablo Iglesias, head of the Spanish Socialists. The three companions traveled to various cities and towns giving radical speeches. It was also during this period, in 1911, that Soriano, now a Republican deputy from Madrid, presented, several years after the event, the opposition brief against the government's handling of the infamous Ferrer case.

In 1906 Soriano had founded in Madrid the independent Republican daily *España Nueva.*[7] Its political orientation changed frequently before it finally ceased publication in 1921. For a period of time it achieved a daily circulation of 70,000 copies, and its excellent editorial staff exercised considerable influence on public opinion in Madrid. Because of what Soriano wrote in *España Nueva* and said in the Cortes, he frequently became involved in questions of honor. These led to many duels with military officers and with other politicians. One of these was with his former friend Blasco Ibáñez. Another took place with a young Primo de Rivera, visibly suffering the effects of a hangover at the time of the duel. Soriano dramatically spared his opponent's life. Years later, in 1923, Soriano's sharp words in the Ateneo against the now dictator Primo de Rivera, won him swift passage to the island of Fuerteventura, where he was Unamuno's companion in exile. In 1924, Unamuno and Soriano «escaped» together aboard the French vessel «L'Aiglon,» thus negating the effect of the military Directory's pardon.[8]

Soriano's subsequent activities in France, his trip to the Soviet Union and travel through much of South America, are reflected in numerous newspaper articles, in books, and in his unfinished and unpublished memoirs. From such documents it is possible to reconstruct his life upon returning to Spain in 1931, after eight years of exile. He wins election to the «Cortes Constituyentes» of the new Republic as an unaffiliated deputy from Málaga. When he runs for reelection to the Cortes in November, 1933, however, he is defeated. Within a few weeks of Soriano's defeat, Niceto Alcalá-Zamora (perhaps at the behest of Soriano's erstwhile friend Alejandro Lerroux) names him ambassador to Chile. On assuming his post in Santiago in February 1934, Soriano does not realize that he will never again see Spain. Nor does he suspect that he is beginning what is the noblest period of his life.

There is evidence in Soriano's diplomatic file at the Ministerio de Asuntos Exteriores in Madrid and in private papers in Santiago, Chile, that Soriano, realizing from the course of the Civil War in Spain that the Republic was doomed, secretly obtained a substantial contribution for the presidential campaign of his friend D. Pedro Aguirre Cerda of the Chilean Popular Front. For were either of Aguirre's opponents to win, the entry of Spanish political refugees would be problematical. In October 1938 Aguirre Cerda triumphed in a very close election. It would be foolish to claim here that Soriano's contribution was a decisive factor in the campaign. But Aguirre and Soriano remained very close friends. Both worked to win admittance of Spanish refugees to Chile in the face of strong opposition from other quarters. Soriano, no longer ambassador after the fall of the Spanish Republic, defended in eloquent letters to the press the refugees who had come, he asserted, not to seek charity, but to enrich economically and culturally their new homeland. With his own personal fortune completely gone by the early thirties, Soriano, after losing his position as ambassador, supported himself and his family by writing articles for periodicals in Argentina and Chile.[9]

During the World War, Soriano was to become increasingly estranged from the more moderate elements among the Spanish Republicans in Chile. Ideologically, he was once again moving towards the radical left.

In addition to Aguirre Cerdá (who died in November, 1941), Soriano numbered among his many Chilean friends, Pablo Neruda. Their first contact may have come in late 1938 or early 1939, towards the end of the Spanish Civil War. Aguirre Cerda had appointed Neruda special consul in France for Spanish emigration to Chile, a problem that simultaneously concerned Soriano in Santiago. Even after the Spanish Republic fell, Soriano helped, through his prestige as ex-ambassador and his excellent Chilean contacts, any Spanish citizen, of any political persuasion, who sought his assistance. In subsequent years, according to conversations I have had with Soriano's daughter, Dolores Soriano Martí de Aguirrebeña, Neruda was from time to time a guest at her father's house. It was the Chilean poet who eulogized Soriano at his funeral on December 5, 1944, two days after the ex-ambassador died of a heart attack at the age of seventy-six.

***

In his biography of Galdós, Berkowitz mentions Soriano twice. In 1901 Soriano and Blasco Ibáñez requested Galdós's permission to use *Electra* as propaganda in their Valencian parliamentary campaign. And in 1906, Soriano and Luis Morote, both Republican deputies, unsuccessfully attempted to persuade the Cortes to sponsor a tribute to Galdós.

In the Galdós-Soriano friendship, however, these were minor events. This is demonstrated by what Soriano wrote in newspapers, magazines, books, unfinished memoirs in the possession of his daughter, and in approximately sixty letters sent by Soriano to Galdós.[10]

It is uncertain where and when the two men first met. It was probably in Madrid, where Soriano, well connected socially and professionally, became art critic at *La Epoca* in 1892. Occasionally he also published literary sketches and literary criticism in *La Epoca*, several years before his literary criticism began to appear on a regular basis in *El Imparcial*. Given these professional interests, it would have been natural for Soriano to meet Galdós either by requesting an interview or through one of their common friends.

The earliest document attesting to an acquaintanceship is a letter from July, 1895, from Soriano to Galdós. In it Soriano, summering in San Sebastian, acknowledges recept of *Nazarín* and reiterates an invitation to his «querido amigo y maestro» to come spend time with him at his «Villa Aldámar,» where he promises Galdós «un país muy novelable». Subsequent correspondence suggests that Soriano and Galdós regularly exchanged copies of their works.

For clarity, I shall structure this preliminary sketch of their friendship as follows: I. Soriano's assistance to Galdós as an author; II. Soriano, Galdós, and *Vida Nueva;* III. joint political activities; IV. other aspects of the relationship.

I

Galdós must have realized that his well connected friend was a good source of needed information and that he was always willing to be of service. A case in point is Blasco Ibáñez's review of *Misericordia* in his Valencian daily *El Pueblo* (12 May 1897). Blasco relates how Galdós documented himself for *Misericordia* by visiting the Madrid slums:

> Galdós ha pasado semanas enteras visitando de día y por la noche tales lugares, unas veces acompañado por individuos de la policía y las más guiado por Rodrigo Soriano, el joven escritor que, rico y perteneciente a alta clase social, desciende a lo más hondo, interesado por la miseria, para estudiarla de cerca.

Not only did Soriano guide Galdós physically through the Madrid slums, but one of Soriano's own works guided his writing of parts of *Misericordia*. This is the point to draw attention to an exceptionally fine piece of detective work by Vernon A. Chamberlin. Finding a copy of Soriano's *Moros y cristianos* (1894) dedicated to Galdós «en prueba de verdadero cariño y de admiración», but with knowledge of little more than a slight acquaintanceship on the part of the authors, Chamberlin, through close reading and analysis, demonstrates that speech patterns of Galdós's protagonist Almudena are modeled on Soriano's version of the Spanish of a Marrakesh Jew, information he acquired during his 1893-94 travels to Morocco. Chamberlin, author of previous sensitive studies on Galdós, also points out other elements of *Moros y cristianos* that reappear in *Misericordia,* and shows us in what ways Galdós imaginatively incorporates them into the novel. The strange speech of Almudena, principal vehicle of his characterization, has attracted much critical attention. But now, after Chamberlin's study, «The importance of Rodrigo Soriano's *Moros y cristianos* in the creation of *Misericordia,*» *Anales Galdosianos,* 1978, the analysis of Almudena and his language need no longer start with speculation about Old Spanish or Galdós's creative imagination. Thanks to Chamberlin's article its starting point will be an indisputably concrete literary source: *Moros y cristianos.*[11]

There were other times when Soriano proffered his help or Galdós sought it. In a letter of June, 1899, Soriano, in apparent reference to an earlier letter from Galdós, replies: «Efectivamente tengo datos sobre Montes de Oca que le mandaré a Vd. muy pronto.»[12] In another note, undated, but probably written about 1900, Soriano informs his friend that «El General Borbón, hijo del infante D. Enrique y poseedor de sus secretos, le citará uno de estos días y tendrá sumo gusto en comunicarle las noticias que desea para su libro.» One must presume that Soriano made other appointments for Galdós to meet prominent persons he wished to interview. On 17 June, 1902, Soriano, now Blasco's fellow deputy from Valencia, informs Galdós that he is sending «el número que contiene los datos del Cura Merino.» On 17 August, 1906, Soriano announces to Galdós that he has discovered historical documents that will be useful for his *Reina de los tristes destinos:*[13]

Hace días, por conductos secretos y misteriosos que la

misteriosa política proporciona, he podido conseguir y tener en mis manos, el archivo completo del General Narvaez. Lo tengo en mi casa guardado en tres enormes cajones y se compone de más de ¡8000! documentos, toda la historia de España en el siglo XIX...Baste decir a Vd. que en el primer cajón encuentro cartas *originales y estupendas* de Godoy, O'Donnell, el Duque de Rivas, Cortina, Montpensier, Sor Patrocinio (las de ésta revelan cosas monstruosas), en fin, Don Benito, es delirio.

The examples chosen reveal that Soriano was often aware of Galdós's writing plans and, ever solicitous, provided material Galdós requested as well as items he thought would be of interest. Doubtless most of their communication in this regard was oral. Soriano also, as Blasco's article, and several others not mentioned here reveal, accompanied the shy novelist to places he wished to visit, and established contacts with persons Galdós desired to meet. To what degree he may have discussed any works in progress, if at all, is unknown.

II

The crucial role of the Madrid weekly *Vida Nueva* in the very early crystallization of regenerationist thought still remains to be studied. The first number of *Vida Nueva* appeared on 12 June 1898. The last number available at the Hemeroteca Municipal in Madrid, presumably the last published, is of 18 March 1900. As was often pointed out in *Vida Nueva,* it had, instead of «redactores,» «colaboradores,» who were individually responsible for their own contributions.

Officially *Vida Nueva* had no founder. However, Soriano's assertion, included in a number of his writings, that he founded it was not far from the truth. He was certainly a catalyst for getting together the persons who originally collaborated to create *Vida Nueva.* In the outline that was to have served as an aide-memoire for Soriano's writing his autobiography, he lists the following:

Fundación del semanario *Vida Nueva* con Eusebio Blasco, Pérez Galdós, Picón, Maeztu, Mariano de Cavia, Blasco Ibáñez. Lo fundo con acciones de a siete duros. Transcendencia de este semanario y su importancia. Reúne a la nueva generación, la llamada de 1898. Semanario de combate, el mejor publicado en España.

Interestingly enough, however, Galdós contributes only one original article, «Fumándose las colonias,» in the second number of *Vida Nueva*, 19 June 1898. Blasco Ibáñez was to write several articles for *Vida Nueva*, but Soriano, during the first fifteen month's of the weekly's existence contributed twenty-five signed articles and reviews, which was more than any other single person contributed to *Vida Nueva*. It strongly suggests his key role in keeping the periodical alive, and it ceased only a few months after Soriano's final contribution appeared in it.

There is little doubt that Soriano induced Blasco Ibáñez to support *Vida Nueva*; it seems likely that he persuaded his friend Galdós to collaborate, initially at least, and to lend the prestige of his name as one of the «colaboradores» of the publication.

Many years later Soriano recalls, on writing his never finished memoirs, that:

> Fue *Vida Nueva,* el semanario rebelde, pleno de inquietudes, desbordante de espíritu juvenil, aurora de los nuevos tiempos como su título bien decía...Pronto, sin saber cómo, por arte de magia, se reunieron las primeras firmas de España...La ilustre redacción era cenáculo bohemio. Cada redactor puso—¡siete duros!—para empezar. Y no hizo falta más porque el semanario, al primer número cubrió gastos y ganó algún dinero.

Soriano then recalls the atmosphere at what was probably one of the original group's first organizational meetings, and shows the shy Galdós in the background:

> Allí el numen de Cavia y sus orgías vinícolas competían, en ingenio y desorden, con los caprichos de Eusebio Blasco y el silencioso D. Benito, cartujo abrumado por la charla encendida de Blasco Ibáñez que llegara de

Valencia y asombrara a Madrid con sus modales toscos, su barba y su melena de conspirador y sus tartarinescas fantasías...Soriano, el Benjamín de la casa, el alma juvenil que lo alegraba todo.

Limitations of space prevent full documentation of Soriano's prodding of Galdós so that he would write articles for *Vida Nueva* and publish in it segments of yet unpublished *Episodios nacionales*. At times Soriano refused Galdós's offers to print in *Vida Nueva* previously published material, insisting that his friend contribute original material, such as his «Fumándose las colonias.» Writing as *de facto* editor, Soriano cajoles on August 1898: «¡Siempre aguardando sus artículos para *Vida Nueva!* Nos hacen mucha falta.» In October 1898 he writes: «En cuanto a la colaboración en *Vida Nueva* ya sabe que puede hacer lo que quiera». Later that same month Soriano refers to a soon-to-be published «episodio:» «¿Quiere Vd. autorizarme para publicar en el próximo número de *Vida Nueva* algún fragmento de *Mendizabal?*»

On one occasion, Soriano, having heard nothing from Galdós in many months (a common occurence for correspondents of the time jealous D. Benito) scolds his friend:

La escribí a Vd. varias veces y no me contestó...Insertamos en *Vida Nueva* los anuncios de sus libros y tampoco logramos sacarle de su mutismo...¿tan malo y olvidadizo es el mundo que un año de separación acaba con las amistades al parecer más duraderas? No lo creo así pero mi franqueza me obliga a decir lo que siento...(June, 1899).

The letter had its effect and Galdós responded immediately from Santander, where he had been staying.

In short, Soriano was a major force not only in creating *Vida Nueva* but in keeping it alive by writing articles himself and soliciting them, unsuccessfully in the case of his friend Galdós, from others.

III

The political collaboration of Galdós and Soriano can only be sketched briefly. To understand it properly would first require resolving the much debated questions of Galdós's ideological oscilation in his later years and the depth and nature of his political commitment. In 1907 Galdós was elected a Republican deputy to the Cortes from Madrid. In 1910, largely because of his enormous popularity as a novelist and dramatist, he became titular head of a new Republican-Socialist coalition. Increasing blindness and his own disillusionment with the «lack of ideals» in Spanish politics are reasons for his abandoning politics a few years later.

The political events in Barcelona in July, 1909, and the government's repressive response, not only created a national crisis, but led to the new political alliance. Late in the summer of 1909, Galdós, Soriano, and several other prominent Republicans signed a strong anti-government manifesto that was the seed of the new coalition.

When it emerged, it bore the name «Conjunción republicano-socialista» and presented a united front, for electoral purposes mainly. In Madrid, in 1910, all of the «Conjunción's» candidates, which included the Socialist Pablo Iglesias, Soriano, and Galdós, as the head of the ticket, were elected to the Cortes.

What interests us here is the connection of Galdós and Soriano. The fact that these two, along with Pablo Iglesias, traveled to various parts of Spain on a tour of political propaganda, is given little coverage in the literature on the «Conjunción.» It must be traced in such papers as Soriano's own Madrid daily, *España Nueva,* and the Socialists' official paper, *El Socialista.* From 1910 to 1912 the friendship between Soriano and Iglesias was a close one and it outlasted the demise of the «Conjunción.» For a while Galdós, too, was directly involved. He appeared at banquets, meetings, and rallies of the «Conjunción». As time passed, however, he must have grown steadily less committed to it. At times, Soriano, according to his unfinished autobiography, would write short, fiery political speeches which Galdós would then read as his own. The complete itinerary of these political travels would have to be established through careful study of the more radical newspapers. *El Socialista,* 13 May, 1910, tells of a Valencian meeting of the «Conjunción»: «Presidió el mitín el consecuente federal Sr. Montañés, quien hizo la presentación de Soriano, Iglesias y Galdós, de los que dijo constituían el triunvirato que ha de dar al trasto con la Monarquía». More than a year later, 21 September 1911, members of the «Conjunción's» executive committee (Galdós, Soriano, and Iglesias included) met in Santander to draft a statement of censure against the government's recent antistrike actions. It is probably to these periods (and also to the summer of 1910, and the victory of the entire ticket in Madrid) that Soriano is referring in his autobiography: «En San Quintín, la finca de Galdós en Santander, y durante el verano, don Benito, don Pablo y don Rodrigo celebran sensacionales reuniones, acudiendo a ellas representantes de la prensa madrileña...»

This period of Galdós peak political activity remains to be studied, but even at this beginning stage of knowledge, it seems clear that his energetic, persuasive, and increasingly radical friend Soriano did more than write a few political speeches for him. It seems likely that he also exerted some degree of political influence on him as well.

IV

A strong personal relationship between Soriano and Galdós has already been suggested by the way Soriano helped Galdós obtain needed information, tried to involve him more fully in *Vida Nueva,* and collaborated with him and Pablo Iglesias in the «Conjunción.»

The closeness of the friendship, however, is better reflected by many small details in Soriano's memoirs, his letters, and in articles that appeared over a period of many years. For instance, Soriano, in his third-person autobiography, tells how he has written elsewhere about «la vida íntima de Galdós, su gran amigo a quien acompaña a Zaragoza en el apoteósico estreno de *Doña Perfecta,* y a quien defiende, luego, en sus privadas luchas contra editores». All of this is, indeed, confirmed elsewhere.

In his perceptive «Galdós en la Academia: Don Benito,» *Los Lunes de El Imparcial,* 22 February 1897, Soriano presents a fine contrast between the public and private Galdós and reveals a number of facts about Galdós that were not widely known at the time he published the article. Even as late as 1943, in Chile, Soriano, in penning one of his final articles, also titled «Don Benito»[14] nostalgically recalls their shared love of music. Indeed, music was one of the things they had in common. Soriano, who had published a well received book on Wagner, attended musical recitals with Galdós and must have discussed music with him. Soriano, in his Chile article, poignantly evokes his nearly blind friend playing Schubert on the piano.

Letters convey other aspects of the closeness of the two men in earlier years: their grief over each other's personal and family tragedies; Soriano's attempts to help his friend when he required legal assistance; his encouraging Galdós to visit an opthomologist with a new technique for cataract removal. Shared experiences include their going to Cartagena to «apadrinar» their «torero» friend «Machaquito» at his wedding. They shared a trip to Andalucía with several other companions, and a visit to Valladolid, where Galdós wanted to study the temple of San Pablo. It was there that a French priest, horrified to find himself in the presence of the author of *Doña Perfecta,* is chastized by Soriano when he suggests that the astonished Galdós might wish to destroy the church with explosives.[15]

Soriano knew secrets about Galdós that he probably never committed to writing, or, if they were written down, have not yet come to light. Part of the outline to the never written memoirs suggests that he could have told us much that we would like to know:

> Cómo era D. Benito. Almuerzo con él en el Inglés. Su gracejo en la intimidad. Divertida escena con su amiga chulona. Las cartas de Galdós. Paseos con él por los barrios bajos. En la Taberna de la Plaza Mayor que él describe en *Torquemada.* Curiosas anécdotas. Damos nuestros domicilios.[16] El misterioso nocturno de Galdós. Sus amores. La señora de Cámara. Pérez Editor. Las chulonas de Galdós...

In these few pages I have attempted to present the outline of Soriano's friendship with Galdós. Many details and much interpretation remain to be added elsewhere. It seems safe to assert, however, that Soriano was a good friend of Galdós and helped him in a number of ways. Politically, he probably influenced Galdós during the novelist's more radical period, 1909-1912. When the fascinating life-story of Soriano is made known and his works have been more carefully analyzed, it may be possible to know if any of them other than *Moros y cristianos* influenced Galdos's novels, and whether Soriano himself, through literary transfiguration, appears in any of Galdós's later novels or *Episodios nacionales*.[17]

NOTES

1. Edition by S. de la Nuez and J. Schraibman (Madrid, 1967)
2. Madrid, 1975.
3. S. Ortega's edition of *Cartas a Galdós* (Madrid, 1964) contains a number of letters from Galdós to Pérez de Ayala, plus many others sent to Galdós. But in general they reveal little that is new or significant.
4. Santander, 1979.
5. José Martínez Ruiz, *El Parlamentarismo español* (Barcelona, 1968), p. 74.
6. The articles in which Soriano tells of the days spent with Zola were first published in *La Epoca* in 1891, before appearing as the strangely titled book *Una conferencia con Emilio Zola* (Madrid, 1892).
7. In *España Nueva* (8 April 1907) there appears an interesting article «Galdós republicano,» which traces the novelist's conversion to Republicanism.
8. Victor Ouimette's «Unamuno and *Le Quotidien*,» *Revista Canadiense de Estudios Hispánicos*, 2 (otoño, 1977) reveals new facts about the exile on Fuerteventura and the rescue of Unamuno and Soriano from that island.
9. The only property of value Soriano retained in Spain was a select collection of Spanish painting, which ranged from works of several Renaissance masters to contemporary paintings by Sorolla and Regoyos. After the Spanish Civil War, the paintings disappeared from the apartment in which they were housed and they are still being sought by Soriano's heirs.
10. The Casa-Museo Pérez Galdós in Las Palmas kindly made copies of these letters available. I also wish to thank Professor Vernon A. Chamberlin for his generous help in obtaining for me copies of the letters. At the time Professor Chamberlin wrote his own article on Galdós and Soriano (which I discuss

anon), he was aware of only three letters from Soriano to Galdós that were held by the Casa-Museo. The remaining letters turned up subsequent to that time.

11. Soriano's daughter possesses a collection of photographs—scenes of native people, towns, and cities—taken by her father during his Moroccan travels. There is a possibility that given Galdós's interest in the subject, he shared these photographs with his novelist friend.

12. An *Episodio nacional* of this title was published in 1900.

13. It was published in 1907 as *La de los tristes destinos*.

14. *Atenea*, 72 (May, 1943), 93-98.

15. See the article «Al pasar» in *La Libertad*, Madrid (17 November 1931).

16. This refers either to meetings of the «Conjunción» or those of the conspirators of the Portuguese Revolution, in which Soriano was involved to a considerable, and Galdós to a very minor, degree.

17. My historian colleague Fred Engel and I expect to complete this year our biography of Rodrigo Soriano.

TABULA GRATULATORIA

G.S. Araya
Samuel G. Armistead
Shirley L. Arora
Charles V. Aubrun
Cándido Ayllón
David Bary
Rubén Benítez
Juan Cano-Ballesta
Rodolfo Cardona
Susana D. Castillo
Rebecca S. Catz
Luis F. Costa
John A. Crow
John E. Englekirk
Clayton Eshelman
Rafael Espejo-Saavedra
Carlos Feal
Carlos García Barrón
Joaquín Gimeno Casalduero
Luis T. González-del-Valle
Violeta and Raúl N. Gutiérrez
Isabel L. de Herwig
Claude L. Hulet
Paul Ilie
Roberta Johnson
Leon Livingstone
Selma L. Margaretten
Franco Meregalli
Richard Meux
Curtis Millner
Luis Monguió

Eva Margarita Nieto
Carlos-Peregrín Otero
José Miguel Oviedo
Julian Palley
Genevieve M. Ramírez
Richard M. Reeve
Joseph V. Ricapito
Enrique Rodríguez-Cepeda
Julio Rodríguez Puértolas
Eva M. Kahiluoto Rudat
Theodore Sackett
Porfirio Sánchez
Aníbal Sánchez-Reulet
José Schraibman
Harvey L. Sharrer
Joseph H. Silverman
Paul C. Smith
Sabine R. Ulibarrí
University of California, Los Angeles
Sara de la Vega
Howard T. Young
Marion A. Zeitlin